A morte sem mistérios

Solicite nosso catálogo completo, com mais de 300 títulos, onde você encontra as melhores opções do bom livro espírita: literatura infantojuvenil, contos, obras biográficas e de autoajuda, mensagens espirituais, romances palpitantes, estudos doutrinários, obras básicas de Allan Kardec, e mais os esclarecedores cursos e estudos para aplicação no centro espírita – iniciação, mediunidade, reuniões mediúnicas, oratória, desobsessão, fluidos e passes.

E caso não encontre os nossos livros na livraria de sua preferência, solicite o endereço de nosso distribuidor mais próximo de você.

Edição e distribuição

EDITORA EME
Caixa Postal 1820 – CEP 13360-000 – Capivari – SP
Telefones: (19) 3491-7000/3491-5449
vendas@editoraeme.com.br – www.editoraeme.com.br

Donizete Pinheiro
Mesmo autor de Terapia da Paz

A morte sem mistérios

Capivari-SP
– 2013 –

© 2013 Donizete Pinheiro

Os direitos autorais desta obra foram cedidos pelo autor para a Comunidade Psicossomática Nova Consciência.

A Editora EME mantém o Centro Espírita "Mensagem de Esperança", colabora na manutenção da Comunidade Psicossomática Nova Consciência (clínica masculina para tratamento da dependência química), e patrocina, junto com outras empresas, a Central de Educação e Atendimento da Criança (Casa da Criança), em Capivari-SP.

1ª edição – agosto/2013 – 5.000 exemplares

CAPA | Editora EME
DIAGRAMAÇÃO | Victor Augusto Benatti
REVISÃO | Editora EME

Ficha catalográfica elaborada na editora

Pinheiro, Donizete, 1956-
    A morte sem mistérios / Donizete Pinheiro – 1ª ed. ago. 2013 – Capivari, SP : Editora EME.
    160 p.

    ISBN 978-85-66805-09-3

    1. Morte e desencarnação. 2. Visão espírita da morte. 3. Eutanásia. Distanásia. Ortotanásia. 4. Suicídio. Doação de órgãos. I. Título

CDD 133.9

Sumário

Começando... com alegria e esperança 7
O princípio de tudo... perfeito, justo e amoroso 11
Os nossos corpos... veículos da alma 15
O fluido vital 17
O corpo espiritual ou perispírito 21
O corpo mental 25
Reencarnação... a volta do espírito à vida física 27
Emancipação da alma... experimentando a morte 31
O sono 33
O sonho 37
Preparo para o sono 41
Já vi isso 43
O cordão fluídico 45
Projeção astral 47
Morte de entes queridos... a dor mais dolorida 51

Cartas espirituais...55
Velório, cerimônias, sepultamento, etc......................59
Doação de órgãos..65
Aborto...67
Morte precoce...71
Velhice... aproxima-se o retorno...................................73
Solidão e abandono... parceiros da morte..............75
Avisos sobre a morte... preparando as emoções..........79
Doenças... sempre um aprendizado............................83
Morte... enfim..89
Medo da morte..91
Preparação para a morte..95
Suicídio..99
Eutanásia..103
Distanásia e Ortotanásia..107
Pena de morte...109
Morte natural...113
Morte traumática...117
Desencarnação... a libertação do espírito.............121
Plano espiritual...125
Desencarnação com méritos..129
Desencarnação sem méritos..135
Espíritos fúteis, levianos e descrentes.....................137
Suicidas...141
Espíritos fracos e culpados..147
Espíritos hedonistas e revoltados..............................151
Espíritos endurecidos e maus......................................153
Conclusão..157

Começando... com alegria e esperança

QUERO DESDE LOGO LHE DIZER, caro leitor, que a morte não existe. Você é um ser imortal, vai viver para sempre. Aliás, todos nós. Significa que seus entes queridos também não vão desaparecer depois que morrerem. Aquilo que vai para o cemitério ou é cremado é apenas o corpo do qual o espírito se utilizou na passagem por este nosso mundo.

Você pode estar pensando: que novidade! Tem razão, não é de agora que se acredita na imortalidade da alma. As religiões em geral a admitem. Alguns filósofos também. Os cientistas é que são mais arredios. Mas os ignorantes sobre o assunto, os incrédulos e os materialistas ainda são muitos.

O problema é que, embora a morte seja um fenômeno do cotidiano, as pessoas não querem aceitá-la e nem ao menos falar sobre ela. As obrigações com a vida na Terra, os prazeres e os sentimentos muito humanos direcionam seus pensamentos mais para as necessidades imediatas. Já estão suficientemente ocupadas com essas coisas para também se preocuparem com o que vem depois da morte. Ademais, morte sempre lembra sofrimento, doença, sangue, cemitério, saudade, etc., e queremos é ser feliz.

Mesmo que você não tenha medo da morte, sempre é bom aprofundar o conhecimento sobre o tema, até para instruir ou confortar aqueles que estejam sofrendo por causa da morte, essa desagradável senhora de foice que nos ronda os passos a cada instante.

Quantos doentes não se angustiam achando que podem morrer? Quem nunca ficou com medo de perder um ente querido? Quantos não choram de saudade de quem partiu? Quantos não se mataram imaginando encontrar a pessoa amada que seguiu antes para o Além? Ou acreditaram que se matando estariam livres dos seus problemas terrenos? Portanto, sofre-se, e muito, por causa da morte. Sofrem os que ficam e, segundo o Espiritismo, sofrem também aqueles que partem.

Estamos aqui registrando os estudos que fizemos no curso "Conversando sobre a Morte". A vontade de promover esse curso veio após a leitura do livro *Os mensageiros*, do espírito André Luiz, psicografia do inesquecível Francisco Cândido Xavier.

No capítulo "Pavor da morte", André narra a situação de uma jovem de trinta anos chamada Cremilda. Desencarnada há seis horas, o espírito permanecia justaposto ao seu corpo num necrotério. O noivo, já anteriormente desencarnado, a chamava para seguir com ele, mas Cremilda estava aterrorizada com a visão. O mentor Aniceto se oferece para ajudar, pede ao noivo para se afastar e se apresenta a Cremilda como sendo um médico. A moça se diz aliviada, pois achava que estava no reino dos mortos, ouvindo o noivo a lhe chamar. Adormecida, Cremilda é levada pelo noivo.

Aniceto explica que a moça era bondosa e cultivava a virtude, mas lhe faltava a educação religiosa dos pensamentos, o preparo espiritual. E o mentor arremata:

> A ideia da morte não serve para aliviar, curar ou edificar verdadeiramente. É necessário difundir a ideia da vida vitoriosa. Aliás, o Evangelho já nos ensina, há muitos séculos, que Deus não é Deus de mortos, e, sim, o Pai das criaturas que vivem para sempre.

Bem por isso, o fato mais espetacular da vida de Jesus não é a crucificação, mas a ressurreição, pois sem a prova da vida futura todos os ensinos do Mestre se perderiam na dúvida. O ressurgir de Jesus era a prova certa da imortalidade, necessária ao fortalecimento da fé dos seus discípulos.

Allan Kardec afirma:

> Jesus claramente se refere à vida futura, que ele apresenta, em todas as circunstâncias, como a meta a que a Humanidade irá ter e como devendo constituir objeto das maiores preocupações do homem na Terra. Todas as suas máximas se reportam a esse grande prin-

cípio. Com efeito, sem a vida futura, nenhuma razão de ser teria a maior parte dos seus preceitos morais...[1]

É necessário mesmo difundir a ideia da vida vitoriosa. Ao falarmos sobre a morte, o que queremos é realçar a vida imperecível, a imortalidade do espírito, porque esse conhecimento altera toda a percepção sobre as coisas da Terra.

Nesse capítulo, a contribuição do Espiritismo é de altíssimo valor, uma vez que traz luz e responde a questões que não são bem compreendidas quando não se aceita o espírito, a reencarnação e a vida além-túmulo.

Espero que você, caro leitor, possa acompanhar o nosso pensamento e que os estudos aqui apresentados lhe possam ser úteis de alguma forma.

De minha parte, sou agradecido pela oportunidade que Deus me concede e, especialmente, pela imortalidade, como bênção que me permite aos poucos sair das sombras da ignorância para a luz do conhecimento.

O autor

---

[1] *O Evangelho segundo o Espiritismo*, capítulo II.

O princípio de tudo... perfeito, justo e amoroso

POIS É. TUDO NA NATUREZA FOI CRIADO, do micro ao macrocosmo, e um pequeno esforço de lógica permite concluir que a causa primeira de todas as coisas só pode ser uma inteligência suprema. Essa é exatamente a definição de Deus dada pelo Espiritismo.

Qual a sua essência? Como pode existir algo não criado e acima de tudo perfeito? Só os espíritos puros sabem dizer. Mas nós podemos conceber alguns dos Seus atributos: perfeição absoluta, eterno, imaterial, imutável, único, onisciente, onipresente, todo-poderoso, justo e misericordioso.

Não pretendo me aprofundar no estudo da crença em Deus, porque a maioria não tem dúvida quanto à Sua existência. Mas mesmo os ateus deveriam se permitir discutir sobre a morte e a sobrevivência da alma, já que também vão morrer e não custa se prevenir para o caso de não estarem certos em suas convicções.

Para o nosso estudo, é suficiente considerar a justiça e a misericórdia divinas.

Não dá para imaginar um Deus com essas qualidades impondo-nos sofrimentos ou castigos por se sentir contrariado com os nossos erros. Tudo o que nos acontece é um desencadear de causas e efeitos dentro de leis naturais que nos conduzirão à perfeição. Podemos não compreender, mas isso é decorrência da nossa ignorância.

Na obra do Criador há dois elementos gerais: o princípio inteligente, que vai se converter em alma ou espírito individualizado. E o fluido cósmico universal, do qual derivam todas as formas de agregação de matéria – ou de energia, já que hoje são sinônimos – existentes no Universo.

Quis Deus que a evolução do princípio inteligente se desse por sua ligação com a matéria, o que ocorre desde a sua origem e no passeio pelos vários reinos da natureza, até quando alcança a condição de arcanjo e não mais dela depende.

Importante saber que a matéria das coisas desfeitas ou mortas retorna ao fluido cósmico universal, de onde veio. Vale para a matéria a afirmação bíblica: "Do pó viestes, para o pó voltaras".[2]

Você também deve se recordar da famosa frase de Lavoisier: "Na natureza nada se cria, nada se perde, tudo se transforma". Por essa lei, a energia que volta

---

2   Gênesis 3:19.

para o Fluido Cósmico Universal será novamente utilizada na formação de outros corpos.

Mas o espírito é imortal, e isso significa que não se destruirá jamais. Todas as suas conquistas estão nele arquivadas e não se perderão, mais se enriquecendo a cada experiência vivida.

Sendo o espírito (na essência divina) de natureza imaterial, existem corpos ou campos magnéticos que servem como intermediários entre o espírito e os corpos mais grosseiros.

É o que veremos a seguir.

Os nossos corpos...
veículos da alma

O QUE TEM ISSO A VER COM A MORTE? É que não dá para falar de morte se não falarmos da vida, pois tudo está intimamente ligado. Afinal, a morte não é considerada a perda da vida? Não são os corpos que ficam doentes e morrem? Então...

Para encurtar, não vou me deter para lembrá-lo do nosso corpo físico. Você tem um e sabe mais ou menos como ele é e funciona. Trilhões de células, vários órgãos complexos, sangue correndo em veias e artérias, neurônios interpretando os pensamentos, músculos e nervos para o movimento, etc., etc.

Mas o Espiritismo dá um destaque especial ao fluido vital e ao corpo espiritual, que ainda não foram identificados pela ciência humana tradicional. É fundamental saber alguma coisa a respeito deles. E no final ainda falaremos um pouco do corpo mental, sobre o qual o espírito André Luiz nos traz umas poucas notícias.

O fluido vital

ALLAN KARDEC TRATA DO ASSUNTO em *O Livro dos Espíritos*[3] e em *A Gênese*[4], referindo-se ao princípio vital. Nessas obras encontramos a essência do assunto.

Como qualquer energia (matéria), o fluido vital é uma modificação do fluido cósmico universal, com a especificidade de dar vida aos corpos. Vida no sentido de atividade, ação, movimento. É a impregnação desse fluido que difere os corpos orgânicos (plantas, animais, pessoas) dos inorgânicos (minerais, água). A natureza do fluido vital varia conforme as espécies, para atendimento das necessidades próprias de cada uma.

---

3   *O Livro dos Espíritos*, primeira parte, capítulo IV.
4   *A Gênese*, capítulo IX.

Esse fluido é encontrado primordialmente no interior das células, na substância conhecida como citoplasma (a clara do ovo) e, além de dar a vida, mantém a coesão molecular, ou seja, tem o papel de fazer com que o corpo mantenha a sua estrutura original.

O conjunto dos fluidos vitais também é conhecido pelo nome de duplo-etérico, mas não se trata de um corpo organizado com órgãos e sim de um campo magnético que, ao mesmo tempo, impregna o corpo físico e se exterioriza e reflete no alo energético conhecido como "aura".

As pessoas recebem o fluido vital quando são geradas, pois o óvulo e o espermatozoide são seres vivos e também o possuem. A vida corporal, portanto, para a doutrina espírita, começa na fecundação.

Não temos, propriamente, uma quantidade de fluido vital para gastar durante a reencarnação, como um carro de corrida tem um tanque de combustível para consumir numa disputa de tantas voltas. Por um mecanismo biológico, esse fluido mantém a vida e ao mesmo tempo se renova com o funcionamento dos órgãos e com a absorção de vitalidade de outros seres vivos. Em razão de suas personalidades, seus méritos e de suas necessidades, os espíritos são capazes de armazenar e aproveitar mais ou menos o seu fluido vital, o que faz a diferença entre pessoas francamente ativas e outras mais frágeis e acomodadas. E isso não tem a ver com a estrutura física grande ou pequena, pois muitas pessoas mirradas são de uma vitalidade extraordinária.

Assim como se absorve energia, também se perde. Condutas abusivas, tais como o uso de tóxicos e alcoólicos, alimentação de mais ou de menos e emoções desequilibradas alteram o ritmo normal do corpo e exigem dos órgãos maior consumo de energia vital, gerando doenças e, nos casos extremos, a morte do corpo. Outra maneira de se perder forças vitais é a decorrente das vinculações obsessivas, pois os espíritos inferiores, imantados ao corpo da vítima, absorvem as suas energias por uma forma de osmose.

De outro lado, é possível a transmissão do fluido vital de uma pessoa para outra através do passe. Pela oração, o pensamento bondoso em favor de outrem carrega as energias vitais e estas são absorvidas pelo que as recebe, ajudando no reequilíbrio físico.

Sendo um fluido mais rarefeito, o fluido vital é altamente suscetível ao pensamento da própria pessoa, de modo que se sujeita aos seus pensamentos positivos, promovendo a harmonia, ou se submete aos pensamentos negativos, acarretando perturbações. Daí o acerto da afirmação grega: "Mente sã, corpo são".

O espírito, porém, tem um tempo programado para a sua reencarnação. Tudo faz crer que, quando chega a época da desencarnação, um comando genético interrompe o processo de absorção do fluido vital e os órgãos começam a ficar enfraquecidos, perdem a plenitude de suas funções e o corpo entra em declínio, encaminhando-se para a morte. Mais adiante voltaremos ao assunto, quando tratarmos dos telômeros, que são estruturas dos cromossomos.

Com a morte, o fluido vital ainda restante no corpo de carne retorna ao fluido cósmico universal espontaneamente ou por dispersão provocada por espíritos socorristas que auxiliam na desencarnação.

Liberto do corpo, o espírito passa a viver no plano espiritual, agora apenas com seus outros corpos.

O corpo espiritual ou perispírito

DESCONHECIDO DA CIÊNCIA, o perispírito é mencionado na história desde a antiguidade. Paulo, em suas epístolas, a ele se referiu como corpo espiritual ou corpo incorruptível; os egípcios o chamavam de Ka, os chineses de Khi; Aristóteles fala em corpo sutil e etéreo; Confúcio identificou-o por corpo aeriforme.

Allan Kardec adotou a denominação apresentada pelos Espíritos Superiores: perispírito, definindo-o como sendo o envoltório semimaterial do espírito[5].

Melhor esclarecendo, o perispírito é um corpo devidamente organizado, do qual o espírito se utiliza para sua apresentação e expressão social. Sua natureza é fluí-

---

[5] *O Livro dos Espíritos*, Allan Kardec, questões 93 e seguintes.

dica e sua composição é extraída do fluido cósmico do planeta onde se encontra o espírito.

Acompanha o espírito desde quando ainda era um princípio inteligente e se estruturou ao longo das inúmeras experiências materiais, modelando corpos de variadas espécies, de modo que a forma humana é baseada na constituição atual do perispírito.

O espírito, portanto, não é um fantasminha de ectoplasma. É um ser definitivo que tem um corpo organizado e funcional, o perispírito, à semelhança do corpo carnal que já conhecemos.

Quando da reencarnação, é o perispírito que serve de molde para o novo corpo, conforme os méritos e necessidades do espírito e as experiências pelas quais deverá passar. Bem por isso, o pesquisador e cientista espírita brasileiro Hernani Guimarães Andrade o denominou Modelo Organizador Biológico-MOB.

O perispírito liga-se ao corpo físico célula a célula, mas os fluxos energéticos se estabelecem especialmente pelos centros de forças ou chakras. Os sete mais importantes e conhecidos são: básico, esplênico (ou solar), gástrico (ou umbilical), cardíaco, laríngeo, cerebral (ou frontal) e o coronário.

Importante ter noções, ainda que elementares, sobre os centros de forças, uma vez que na desencarnação o desligamento do espírito vai ocorrendo por esses centros, especialmente pelo gástrico, pelo cardíaco e pelo mental.

Finalmente, é pelo perispírito que o espírito conserva a sua individualidade após a desencarnação, guardando inclusive as últimas impressões e expressões físicas, tais como aparência, marcas físicas e sensações dolorosas. Por isso, ao desencarnar, o espírito será reconhecido e também lhe será possível identificar os familiares, amigos e inimigos já desencarnados.

O corpo mental

ESTE ASSUNTO PODERÁ lhe parecer meio complicado. Com razão, pois não se tem mais detalhadas informações sobre o corpo mental, não se sabendo de sua essência e nem como funciona exatamente. Mas é bom saber que ele existe, pois faz parte de nós. Espírito e mente, para o nosso estágio evolutivo do conhecimento, praticamente se confundem. Se quiser pular, no entanto, fique à vontade, pois não prejudicará o nosso estudo sobre a morte.

No Espiritismo, foi André Luiz quem nos trouxe as primeiras revelações a respeito:

> Para definirmos de alguma sorte, o corpo espiritual, é preciso considerar, antes de tudo, que ele não é reflexo do corpo físico, porque, na realidade, é o corpo

físico que o reflete, tanto quanto ele próprio, o corpo espiritual, retrata em si o corpo mental que lhe preside a formação[6].

O corpo mental, então, é o envoltório sutil da mente, a qual projeta o pensamento e guarda, em profundidade, os registros de todas as experiências e aquisições do espírito, incluindo-se aí as propriedades dos demais corpos por este utilizados em toda a sua trajetória evolutiva.

Sua existência e ação são percebidas em algumas ocorrências, como nos casos de desdobramento no plano espiritual (quando o espírito deixa o perispírito para realizar alguma atividade em outro plano[7]) e também nas reencarnações de espíritos com seus corpos espirituais danificados ou desorganizados pela ovoidização.

Nas reencarnações em geral, é o corpo mental que, em verdade, comanda todo o processo de formação do novo corpo, tendo por intermediário o próprio perispírito, que quando do mergulho na carne sofre restringimento da forma à condição de criança.

---

[6] André Luiz, psicografia Francisco Cândido Xavier, *Evolução em dois mundos*, primeira parte, cap. II.
[7] André Luiz, psicografia Francisco Cândido Xavier, *Nosso Lar*, capítulo O sonho.

Reencarnação...
a volta do espírito à vida física

REENCARNAÇÃO PARA O ESPIRITISMO não é uma crença ou dogma. É um fato. Há inúmeras pesquisas que a comprovam e você, se estiver interessado, poderá encontrar livros relatando os casos estudados.

Aqui, vamos apresentar alguns aspectos que são relevantes para o tema morte.

Reencarnação é o mecanismo pelo qual o espírito retorna à vida na Terra, utilizando-se de novo corpo. Reencarnar não é uma opção. É uma lei da natureza e ninguém poderá dela escapar, ainda que demore. Seu propósito é oferecer ao espírito novas experiências, através das quais poderá ele avançar no seu processo evolutivo.

Saber que estamos no planeta para evoluir é de fundamental importância e deve mudar a nossa maneira de pensar a vida e a morte.

A pessoa consciente dessa realidade vai querer aproveitar todos os seus momentos para aprender e desenvolver suas virtudes, não importando a sua idade. Sabe que todo conhecimento se incorpora ao espírito imortal e não se perde jamais. E sabe, ainda, que a melhor condição aqui conquistada vai lhe proporcionar um regresso ao mundo espiritual também em situação mais favorável.

Não há um número determinado de reencarnações, pois isso depende do esforço e aproveitamento de cada espírito, que pode acelerar ou retardar o seu progresso. E também não estamos definitivamente presos à Terra. Muitos espíritos, porque conseguiram avançar além da média, têm autorização para reencarnar em planetas mais evoluídos. Igualmente ocorrem expurgos, ou seja, aqueles espíritos que permanecem abaixo da média evolutiva de tempos em tempos são transferidos para mundos de condição física inferior, onde serão compelidos a maior esforço para seu desenvolvimento. Não se trata de retrocesso espiritual, apenas de mudança de residência, assim como alguém que faliu se transfere da mansão para moradia mais humilde, com menos conforto.

Também não há tempo certo para reencarnar. Conforme as suas necessidades e merecimentos, o retorno do espírito pode ocorrer em alguns anos e até depois de séculos. E não existe uma fila, como afirmam alguns. Reencarnamos em grupos, conforme as nossas relações em existências passadas, por amor ou ódio, de modo que a oportunidade de renascer dependerá das condições que forem proporcionadas pelos eventuais genitores. Não sendo possível a gravidez, o espírito vinculado ao grupo poderá reencarnar por terceiros e se aproximar em outras circunstâncias, por exemplo, pela adoção ou por laços de amizade.

Os espíritos de mediana evolução reencarnam com uma prévia programação, pela qual se definem metas a cumprir: a família onde renascerá, alguns detalhes importantes do corpo, sexo, experiências mais necessárias, profissão, casamento, filhos e até mesmo o tipo de morte.

Quando o espírito não quer reencarnar, a reencarnação pode ser compulsória. Espíritos compelidos a nascer normalmente são pessoas revoltadas e rebeldes, que reclamam de tudo e de todos, abusam da vida ou dela fogem pelas portas do suicídio.

Espíritos mais inferiores não recebem uma programação especial; estão sujeitos à força da hereditariedade física e à sua própria estrutura perispiritual, por reflexo dos atos passados. Suas reencarnações são apenas assistidas ou auxiliadas por trabalhadores espirituais comuns.

O interessante é observar que a reencarnação guarda similitude com a morte física. O espírito mergulha num certo estado de perturbação, uma vez que passa a absorver energias mais grosseiras e aos poucos vai perdendo a consciência de sua realidade espiritual, esquecendo o seu passado por um processo de amnésia. Muitos temem a reencarnação da mesma maneira como aqui se teme a morte, já que viver na Terra implica em se submeter a provas e expiações, nas quais podem falhar.

Quem reencarna deixa na Espiritualidade amigos e parentes, da mesma forma que o "morto" deixa para trás família e amigos.

Como afirma o Espiritismo: "nascer, viver, morrer e progredir continuamente, tal é a lei". Nascer e morrer são experiências da vida imortal. É um ir e vir entre os planos espiritual e físico, assim como viajamos de uma cidade para outra, carregando a mala das nossas experiências.

Emancipação da alma...
experimentando a morte

E POR FALAR EM EXPERIÊNCIAS, embora reencarnado o espírito não é um prisioneiro do corpo. Ligado a este pelo cordão fluídico – sobre o qual falaremos mais adiante –, a alma continua tendo a possibilidade de interagir com o mundo espiritual e com os espíritos, porquanto os espíritos igualmente continuam se relacionando com os encarnados e os influenciando. Vivemos, pois, desencarnados ou encarnados, numa permanente comunhão, numa troca incessante de experiências, que são indispensáveis ao aprimoramento e à felicidade.

O sono

ENSINA O ESPIRITISMO QUE "o sono liberta a alma parcialmente do corpo. Quando dorme, o homem se acha por algum tempo no estado em que fica permanentemente depois que morre." E que, "tendo a experiência de morrer todos os dias, não deve temer a morte".[8]

Daí a importância de nosso estudo tratar do sono e suas variações.

Repousar ou dormir é uma necessidade para o refazimento das energias e das forças do corpo físico. Cada pessoa se sente satisfeita com um tempo determinado de sono, mas não dormir regularmente acarreta sérios prejuízos, tais como: cansaço e sonolência durante o dia, irritação, mudanças de humor, perda

---

[8] Allan Kardec, *O Livro dos Espíritos*, questão 402.

da memória de fatos recentes, comprometimento da criatividade, lentidão do raciocínio, desatenção e dificuldade de concentração.

O espírito, porém, nunca está em repouso, pois o pensamento lhe flui incessantemente. Então, quais são as atividades do espírito enquanto o corpo dorme?

Dormindo o corpo, afrouxam-se os laços energéticos e o espírito ganha certa liberdade e um pouco mais de lucidez.

Nessas condições, uma das possibilidades é a do espírito nem mesmo deixar a cama e permanecer refletindo sobre as questões do dia a dia que o preocupam, buscando as soluções. Age como qualquer um que acordado estivesse sentado e pensando nos seus problemas. Por isso que, às vezes, dormimos com um problema e acordamos com uma solução.

Também pode o espírito eventualmente ter recordações de vidas passadas. Embora a reencarnação acarrete o esquecimento, fatos importantes ou não resolvidos de outras vidas ou mesmo da vivência na Espiritualidade podem emergir do inconsciente, para que seus conteúdos emocionais sejam trabalhados no presente, mesmo que a pessoa não consiga ter pleno entendimento da situação.

Outra ocorrência são as catarses, durante as quais o espírito, que na vigília suporta traumas ou situações opressoras, durante o sono, sem o observar de outras pessoas, coloca para fora emoções ou desejos reprimidos, simulando ações ou reações, chorando quando sofrido ou gozando prazeres.

Por fim, sair do corpo é a grande experiência que o

espírito pode ter enquanto encarnado e desfrutar, ainda que palidamente, da liberdade que usufruía anteriormente ao renascimento. A maior ou menor liberdade vai depender do grau de evolução do espírito, podendo mesmo deslocar-se até cidades espirituais. Nessa situação, o espírito encarnado pode se encontrar com outros encarnados ou com desencarnados, dialogar, aprender, trabalhar ou visitar lugares. Pode, por outro lado, se encontrar com inimigos e discutir com eles.

Todas essas vivências da pessoa durante o sono ficam registradas na mente, nos arquivos do inconsciente, e poderão eventualmente ser úteis em determinadas situações correlatas.

Podem ou não, converter-se em sonhos, e sobre isso falo um pouco a seguir.

O sonho

O SONHO NADA MAIS é do que a fixação das vivências ou pensamentos ocorridos durante o sono, convertidos em imagens, cores, sons e cheiros. Na afirmação dos espíritos a Kardec: "O sonho é a lembrança do que o espírito viu durante o sono".[9]

Estudos científicos afirmam que os sonhos ocorreriam principalmente durante as fases do sono denominadas REM, sigla em inglês para o movimento rápido dos olhos, momento em que também seriam observadas outras reações biológicas, tais como uma atividade cerebral similar às horas em que se está acordado e a diminuição do tônus muscular.

O grande problema é que os sonhos quase sempre

---

[9] Idem referência anterior.

não correspondem à experiência noturna, por uma questão técnica. Explico: a mente e o cérebro perispiritual funcionam numa determinada frequência e o cérebro físico vibra numa frequência mais baixa, de maneira que não consegue o devido registro das impressões e faz uma decodificação imperfeita das informações.

Ocorrem, então, lembranças confusas e inexplicáveis, como se os quadros de um filme fossem recortados e depois reunidos sem ordem e até mesmo com quadros de outros filmes.

Por isso que interpretar sonhos é uma tarefa bastante complicada e, via de regra, frustrante. Diante das várias possibilidades durante o sono, não se pode afirmar que o sonho de fato corresponda a uma realidade. Por exemplo: se a pessoa, durante o sono, fica apenas a mentalizar um encontro com a pessoa amada ou desejada, com diálogos e carinhos, a fixação dos quadros mentais será tal como se esse encontro realmente tivesse ocorrido.

Mas é certo que, às vezes, pode representar um acontecimento real e atual, de tal modo que a pessoa guarda a lembrança e todas as suas impressões como uma certeza. Nesse caso, isso acontece porque tem grande importância para a vida da pessoa, servindo como alerta, alento ou ensinamento.

Há comprovação de sonhos de caráter premonitório, quando a pessoa de algum modo tem informação do que está para acontecer, consigo ou com outras pessoas. É conhecido o sonho de Abrahan Lincoln predizendo a própria morte três dias antes de ser assassinado num teatro, sonho esse que o presidente americano relatara previamente a um segurança.

Sobre isso Allan Kardec perguntou aos mentores:

> – Estando desprendido da matéria e atuando como espírito, sabe o espírito encarnado qual será a época de sua morte?

E eles responderam:

> – Acontece pressenti-la. Também sucede ter plena consciência dessa época, o que dá lugar a que, em estado de vigília, tenha a intuição do fato. Por isso é que algumas pessoas preveem com grande exatidão a data em que virão a morrer.[10]

No capítulo dos sonhos temos os pesadelos, versão ruim das ocorrências noturnas. Podem decorrer das vivências traumáticas, dos medos, das preocupações experimentadas quando da emancipação da alma pelo sono, não raro de encontros com inimigos ou espíritos inferiores.

Sejam sonhos ou pesadelos, o corpo sofre os reflexos da vivência espiritual e as impressões lhe são transmitidas pelo cordão fluídico. Assim, lembranças de experiências felizes ou encontros reais com espíritos simpáticos produzem bem-estar físico; e, pelo contrário, vivências dolorosas e conflitos produzem descargas de adrenalina, gerando aflição e até mesmo choro.

---

10   Allan Kardec, *O Livro dos Espíritos*, questão 411.

Preparo para o sono

PARA TUDO NA VIDA PRECISAMOS nos preparar, se quisermos fazer as coisas certas e melhores. Estamos aqui conversando sobre a morte, para que a encaremos com mais naturalidade, com menos temor. Pela importância do sono e dos sonhos na nossa vida e na nossa morte, precisamos também nos preparar para o momento do repouso noturno.

Os distúrbios do sono são motivos de aflição para a pessoa e seus familiares. Insônias, apneias, roncos, pesadelos e sonambulismo impedem os benefícios do descanso corporal e devem ser tratados convenientemente por médicos e psicólogos especializados.

Esses especialistas costumam fazer algumas sugestões de conduta para que tenhamos uma boa noite de sono: dormir em horários regulares e ficar na cama somente pelo tempo necessário; evitar comer muito à noite e bebidas estimulantes, como café ou chá; usar roupas confortáveis e manter a temperatura agradável; manter o quarto no escuro, etc.

Mas a raiz de todos os nossos males está no espírito, de modo que esses problemas têm muito a ver com os nossos pensamentos e atitudes diante da vida, com a nossa falta de fé e de coragem, com as nossas ansiedades e angústias por causa dos problemas difíceis. Ainda que saudáveis, rolamos na cama insones quando atormentados por graves conflitos pessoais ou familiares, por falta de dinheiro para pagar dívidas ou quando no dia seguinte devemos enfrentar algum sério compromisso.

Por isso, além daquelas sugestões de rotina, também é imperioso se manter uma postura de natureza espiritual, por exemplo, fazendo leituras de obras de teor elevado, meditando sobre os valores do bem, orando em gratidão e rogando que o espírito liberto possa ter uma experiência elevada, ao encontro de espíritos bons que possam orientá-lo quanto às melhores decisões.

Preparar-se para o sono é preparar-se aos poucos para a morte, que chegará um dia.

Já vi isso

MUITO COMUM TAMBÉM é o *déjà vu*, em francês o "já visto", experiência de alguém que tem certeza de já ter estado em determinado local. Nesse caso, pode ter acontecido de a pessoa ter vivido ali anteriormente, em outra reencarnação; ou, então, em sonho ter visitado o local, de modo que lhe parece familiar quando a ele retorna durante a vigília.

Também é *déjà vu* a pessoa sentir que está vivendo uma situação que parece se repetir, e disso posso dar conta, porque já passei por diversas ocorrências dessa natureza, tão evidentes que sabia o que iria acontecer logo em seguida. Aqui a explicação é um pouco mais difícil, porquanto o fato faz crer que, como nos sonhos premonitórios, o futuro se antecipara, e não se sabe corretamente como isso possa acontecer.

Essas ocorrências estão relacionadas com os fortes desejos da alma ou, de outro lado, com sua preparação para algo importante, como forma de prevenir emoções.

O cordão fluídico

CONHECIDO NOS MEIOS ESOTÉRICOS como cordão de prata, o cordão fluídico é o laço energético (vital) que mantém o espírito ligado ao corpo nas suas saídas quando do repouso deste último.

É uma série de filamentos energéticos embutidos por toda a extensão (interna) do corpo físico. Quando o perispírito se projeta, esses filamentos se distendem e se unem formando, então, um feixe de energias que liga os dois corpos, o qual se afina na medida em que o espírito se distancia do corpo material.

É pelo cordão fluídico que o espírito transfere para o corpo suas percepções, emoções e sensações. E é também por ele que o espírito percebe ou sente alguma ocorrência com o corpo, a ele retornando rapidamente.

A existência do cordão indica que um espírito está encarnado. Portanto, desencarnados não possuem o cordão.

O espírito André Luiz conta sobre seu espanto ao ver pela primeira vez encarnados se aproximando de Nosso Lar. São suas palavras:

> Divisei ao longe dois vultos enormes que me impressionaram vivamente. Pareciam dois homens de substância indefinível, semiluminosa. Dos pés e dos braços pendiam filamentos estranhos, e da cabeça como que se escapava um longo fio de singulares proporções. Tive a impressão de identificar dois autênticos fantasmas. Não suportei. Cabelos eriçados, voltei apressadamente ao interior. Inquieto e amedrontado, expus a Narcisa a ocorrência, notando que ela mal continha o riso.

A respeito, foi esclarecido pela amiga:

> – Também eu, por minha vez, experimentei a mesma surpresa, em outros tempos. Aqueles são os nossos próprios irmãos da Terra. Trata-se de poderosos espíritos que vivem na carne em missão redentora e podem, como nobres iniciados da Eterna Sabedoria, abandonar o veículo corpóreo, transitando livremente em nossos planos. Os filamentos e fios que observou são singularidades que os diferenciam de nós outros. Não se arreceie, portanto. Os encarnados, que conseguem atingir estas paragens, são criaturas extraordinariamente espiritualizadas, apesar de obscuras ou humildes na Terra.[11]

---

11   André Luiz, *Nosso Lar*, psicografia de Francisco Cândido Xavier, capítulo 33.

Projeção astral

DIFERENTEMENTE DO SONO COMUM, em que o espírito não tem consciência da realidade quando o corpo está dormindo, agora vamos falar de algumas experiências em que ele sabe que está em desdobramento e está tendo uma vivência extracorpórea.

Certas pessoas possuem a capacidade da projeção astral, fenômeno pelo qual o corpo dorme e o espírito se projeta fora dele tendo uma percepção do que está acontecendo. Vê seu corpo deitado e identifica seu corpo espiritual, dando conta de que a individualidade não é o corpo carnal. Movimenta-se no plano espiritual como um espírito liberto e tem contato com os desencarnados, interagindo com eles. Claro que a maior ou menor facilidade de movimentação ou de lucidez depende da espiritualidade de cada um, e o exercício favorece o aprimoramento.

Há o desdobramento mediúnico, quando a projeção astral ocorre com a assistência espiritual, sendo costumeiramente praticado em reuniões mediúnicas. O médium deixa o corpo conscientemente e relata a sua experiência e o trabalho que no momento está realizando, inclusive transmitindo orientações dos espíritos mentores. Allan Kardec denominava esses médiuns de sonâmbulos.

E não podemos deixar de falar das chamadas EQMs, que são as experiências de quase morte. Aqui não há sono e nem transe mediúnico, mas o corpo está num estado crítico próximo da morte, com o cérebro inconsciente. A pessoa, contudo, quando acorda, se lembra de tudo que aconteceu nesse tempo, muitas vezes descrevendo o local onde estava, o atendimento médico e o encontro com familiares. Muitos médicos e estudiosos já admitem como verdade essa experiência da consciência fora do corpo, pois estando o cérebro tão prejudicado seria impossível que este tivesse qualquer forma de pensamento ou percepção; e somente se aceitando que mente e corpo são seres distintos é possível explicar o fenômeno.

O radioncologista Jeffrey Long, com a colaboração do escritor Paul Perry, reuniu em um livro testemunhos de experiências próximas da morte, fruto de uma pesquisa fundamentada em mais de 1.600 depoimentos de pessoas que passaram alguns minutos clinicamente mortos.

Eis o relato de Valeri, uma adolescente de 17 anos cujo coração parou durante uma cirurgia:

Em algum momento durante a cirurgia, atravessei um túnel. Partes da minha vida passaram por mim. Eu havia fechado os olhos com força; lembro-me de alguém dizendo, abra seus olhos. Eu estava num espaço de puro branco e pude ver salas com espíritos andando ao redor. Comecei a chorar, mas não houve lágrimas. Lembro de ter olhado minhas mãos, e elas estavam translúcidas. Então um anjo apareceu; ele tinha um brilho muito radiante em sua beleza, podia-se notar. Ele me consolou, dizendo-me que eu estava a salvo. Lembro de ter-lhe dito que eu não estava preparada para morrer. Ele disse que sabia disso. Em seguida, apontou para baixo, e eu pude ver os médicos fazendo ressuscitação cardiopulmonar numa garotinha. Não entendendo realmente que era eu, observei minha operação inteira, reanimação e tudo. Falei a ele que aquilo era tão triste, ela parece tão jovem. Então, ele me disse que eles a estavam trazendo de volta, e eu me senti como se tivesse sido empurrada e atirada de volta naquele corpo dolorido.[12]

---

12 *Evidências da vida após a morte*, Jeffrey Long e Paul Perry, editora Larousse.

Morte de entes queridos...
a dor mais dolorida

NÃO SEI SE VOCÊ JÁ PASSOU PELA EXPERIÊNCIA de morte de alguém mais próximo, de uma pessoa que você amava. É, com certeza, um dos maiores sofrimentos na Terra, uma ferida que permanece.

E o Espiritismo, na sua feição consoladora, tem informações importantes e seguras para minorar essa dor. A sobrevivência da alma num plano real, sobre o qual já falamos um pouco anteriormente, é o principal argumento espírita, dele decorrendo todas as demais elucidações a respeito.

Mas quero começar perguntando: Por que tanto lamento e choro quando morre alguém querido?

Em verdade, quase sempre, quem fica chora mais é por si mesmo. Porque vai ficar sozinho e carente; porque é dependente e inseguro e não saberá como seguir com a vida e seus problemas, enfim, a revolta contra Deus não é por ter tirado a vida do outro, mas por tê-lo tirado daqueles que ficaram.

Viver na Terra é uma experiência importante para o espírito, mas aqui não é a nossa morada definitiva. Estamos de passagem, nos enriquecendo de conhecimentos e de virtudes. A vida neste mundo sujeita o espírito a muitas lutas e dificuldades. Ele está parcialmente preso a um corpo grosseiro e tem diminuídas as suas potencialidades, mais ou menos como o mergulhador que usa um escafandro para incursões no oceano. Desencarnar, portanto, é libertar-se.

Por mais difícil que seja aceitar, a desencarnação natural de alguém é um bem para ele e deveríamos ficar felizes por ele. A experiência da perda traz aprendizados para a alma. Talvez conquistar independência; ou valorizar a amizade e o amor, porque tudo que nos acontece tem uma finalidade educativa. Deus não seria todo amor e justiça se a morte fosse uma punição para nos fazer sofrer de saudade e de solidão.

Chorar eventualmente e sentir saudades é normal, natural. Também ficamos tristes quando alguém querido muda para outro país e deixamos de vê-lo por muito tempo. E morrer é fazer uma viagem para o país dos espíritos.

O que não se deve fazer é blasfemar contra Deus, o que só revela a falta de fé e afasta a ajuda que Ele oferece a quem está sofrendo. Por outro lado, esse sentimento negativo atinge o desencarnado, que poderá permanecer aflito vendo o desespero de quem ficou, e sem poder ajudar.

A revolta gera outros efeitos extremamente danosos, que é o abandono da vida, a qual parece não ter mais sentido, quando, em verdade, outras pessoas aqui permanecem também carecendo de nossa companhia, assistência e afeto. Há mães que, morrendo um dos filhos, entram em depressão profunda e deixam ao desamparo os demais, o que para eles pode dar a entender que não são amados ou não tanto quanto a mãe amava aquele que foi embora.

As pessoas não nos pertencem. Somos todos filhos de Deus, temos as nossas experiências individuais e personalíssimas e ninguém deve aprisionar alguém ao seu lado, porque isso significa apego e egoísmo. O amor liberta e deixa que o ser amado siga o seu caminho, o seu destino, até porque o verdadeiro amor não se perde jamais. Como imortais, mais cedo ou mais tarde voltaremos a nos encontrar, no mundo espiritual ou em outras reencarnações.

Cartas espirituais

E A DOR PELA PERDA – melhor dizendo, momentânea separação – pode ser atenuada de alguma forma.

Como já falei anteriormente, durante o sono o espírito pode se deslocar e se encontrar com amigos e familiares desencarnados, circunstância que se converte num sonho bom. Por outro lado, estes podem se comunicar em reuniões mediúnicas, falando diretamente com a pessoa ou deixando seus recados.

Mas são as cartas espirituais a prova evidente da sobrevivência e, por isso, consolam com mais efetividade. Não se trata de um expediente corriqueiro a que todos tenham acesso, mas pode ser permitido e se dá quando há uma real necessidade de consolação para aqueles que ficaram e como prova da imortalidade.

E também não se incentiva a busca dessas mensagens, porque a carência e a saudade levariam a pessoa a estar cada vez mais desejosa de saber notícias do ente querido. E os desencarnados não estão à nossa disposição; têm seus compromissos de trabalho e aprendizado, seguindo adiante com a própria vida, assim como os encarnados também devem continuar com suas tarefas e cumprir o compromisso reencarnatório.

Como ensina Allan Kardec, tudo que vem da Espiritualidade deve ser passado pelo crivo da razão e do bom-senso. Mensagens espirituais verdadeiras e úteis são psicografadas por médiuns sérios e desinteressados.

Dentre outros, foi o notável médium Francisco Cândido Xavier quem estabeleceu esse correio espiritual, confortando milhares de pessoas com suas mensagens recheadas de detalhes que não deixavam dúvida qualquer sobre a autoria e autenticidade.

Uma delas, do jovem Carlos Alberto Gonçalez, tem os seguintes trechos:

> Querido papai Manoel e querida mãezinha Lândia... Não se impressionem com o choque sofrido por mim, com a queda inesperada de nossa máquina que me servia tanto. Quem sabe a causa de um acidente daqueles? Às vezes, uma simples pedra na via pública, de outras, algum pedaço de madeira esquecido ao léu... Não posso culpar a ninguém...
>
> A moto caiu por inteiro atirando-me a cabeça ao piso de cimento, e de nada mais soube senão que um torpor invencível...

Um homem velava comigo e cheguei a reconhecê-lo, antes que a fala me voltasse ao campo da manifestação. Era o vovô Manoel que me passava a mão sobre a cabeça...

Chorei ao pensar que me via à distância dos pais queridos e dos queridos irmãos Claudinei e Luciene, diante de nossa Rose, a quem havia prometido a felicidade...

Logo após o meu despertamento, a vovó Ana Gimenez veio ter conosco e assumiu as obrigações de enfermeira maternal, em que a vejo até agora.[13]

***

Uma carta, como essa, é bênção a ser agradecida pela motivação para a vida, impulsionando-nos sempre adiante em busca da felicidade.

---

13   *Gratidão e paz*, editora Instituto de Difusão Espírita, capítulo 9.

Velório, cerimônias, sepultamento, etc

COM A MORTE, É INEVITÁVEL QUE OS PARENTES tomem as providências em relação ao corpo, que não pode ficar ao abandono, seja por respeito ao que partiu ou seja por causa da saúde pública, neste caso tendo em vista os riscos de contaminação pela carne em decomposição.

A história dos povos revela que o enterramento do corpo (inumação) ou a cremação são opções que se faz levando em conta aspectos religiosos ou práticos. Usa-se a cremação por falta de espaço para o sepultamento ou até como forma de purificação da alma. E enterra-se o corpo acreditando-se na eternidade ou na possibilidade da ressurreição da pessoa.

Há uma tendência crescente à cremação, pela sua praticidade. No Brasil, atualmente, a lei estabelece que:

A cremação de cadáver somente será feita daquele que houver manifestado a vontade de ser incinerado ou no interesse da saúde pública e se o atestado de óbito houver sido firmado por 2 (dois) médicos ou por 1 (um) médico legista e, no caso de morte violenta, depois de autorizada pela autoridade judiciária.[14]

Então, se você quiser que seu corpo seja cremado após a morte deve tomar a providência que a lei estabelece, deixando algum escrito sobre a sua vontade.

Em termos espirituais, é importante que os parentes respeitem a vontade do falecido, especialmente quando ele não deseja a cremação, porque seu eventual apego ao corpo poderá lhe acarretar repercussões no perispírito, com as impressões da queimadura.

Em qualquer situação, é sempre recomendado que se aguarde pelo menos 72 horas para a cremação, presumindo-se que esse seja um tempo para o esgotamento dos fluidos vitais e o afastamento do espírito.

Optando-se pela inumação, são importantes algumas considerações.

O velório ainda é uma prática, porque permanece o desejo do último adeus ao falecido. No caixão, porém, quase sempre só está o corpo inerte. O espírito mais consciente pode estar no ambiente para acolher as despedidas dos amigos e familiares e até mesmo homenagear aquele instrumento que lhe serviu pelo tempo em que permaneceu reencarnado. O espírito ignoran-

---

[14] Lei nº 6.015, de 31 de dezembro de 1973.

te também pode estar no local, mas sem se dar conta da desencarnação, e se perturba com a situação para ele inusitada; mas pode, de outro lado, ter sido levado para regiões de purgação ou de socorro, conforme os seus méritos.

Diante desse momento tão especial para todos, a conduta durante o velório deve ser a mais sóbria e respeitosa possível, conservando-se o silêncio ou mantendo-se em oração, o que se converterá em energias de conforto ao desencarnado.

O choro é normal, uma vez que as circunstâncias que envolvem a morte sempre causam tensão, que é aliviada pelas lágrimas; e, ademais, quem fica deverá prosseguir agora sem a presença, a companhia e o apoio do ente querido que se foi, pelo que é natural que esteja triste. No entanto, o pranto convulsivo e irresignado é prejudicial ao desencarnado, que, vendo o sofrimento dos que ficaram, muitas vezes encontra dificuldades para se libertar e seguir o seu caminho.

De outro lado, nossas críticas ou comentários desairosos sobre a vida do 'falecido' cairão sobre este como descargas elétricas, eventualmente agravando a sua situação e dificultando o seu restabelecimento espiritual, quando não lhe despertando revoltas.

Para se ilustrar o poder da palavra e do pensamento, colhe-se em André Luiz interessante fato ocorrido quando acompanha o velório do médium Dimas. Um certo coronel comenta pormenores de um homicídio que passara impune, porque Dimas, que a tudo assistiu, silenciou sobre o seu autor. Nesse momento, o assassino, também já desencarnado, surge inesperado e sacode o narrador perguntando-lhe porque o chamara. O coronel, embora não enxergando o espírito, é atingido por um involuntário estremeção, que arrancou abafado riso dos presentes.[15]

Dessa forma, se é falta de caridade falar mal dos encarnados ausentes, muito perigoso é falar dos desencarnados, pois estes poderão não gostar dos nossos comentários e cobrar-nos explicações.

Guardar luto, envergando trajes pretos, é outro costume diante da morte. Mas, por qualquer ângulo, não tem razão de ser. A roupa, em si mesma, nada significa, porque o respeito é sentimento da alma. Podemos usar o preto por tradição, mas ansiosos para que o tempo passe e possamos seguir adiante com a vida. E manter longamente a tristeza ou a sisudez é prejudicial ao nosso bem-estar e à nossa felicidade, igualmente prejudicando o ente querido desencarnado com as vibrações deletérias.

Muitos mantêm conservadas as coisas do falecido, o quarto onde dormia intocado, roupas e objetos pessoais. Se podemos guardar algo em particular para reavivarmos lembranças, aos demais pertences devemos dar uma destinação útil, até porque o desencarnado não mais poderá usá-los.

E para homenageá-lo não precisamos ir ao cemitério, pois o nosso ente querido lá não se encontra. E convenhamos, cemitérios não são lugares agradáveis

---

15 André Luiz, psicografia de Francisco Cândido Xavier, *Obreiros da vida eterna*, capítulo XIV, FEB.

e aprazíveis. Lá permanecem espíritos inferiores ainda aprisionados aos seus despojos e trabalhadores dispostos a socorrê-los. O desencarnado é atraído pelos nossos pensamentos e irá até onde estivermos, de modo que é melhor que o encontro se dê em nosso próprio lar ou em ambientes que nos passem boas sensações, oportunidade em que poderemos com ele dialogar mentalmente ou em orações.

Algumas seitas ou religiões têm o hábito de oferecer velas ou alimentos aos mortos, mas para a felicidade destes as coisas materiais em nada contribuem, já que não podem delas usufruir.

Repetindo, o que importa aos espíritos são os nossos sentimentos e pensamentos de amor.

Doação de órgãos

A DOAÇÃO DOS ÓRGÃOS DO CORPO SEM VIDA, caro leitor, é uma caridade que podemos fazer e, se quer saber, é um grande bem que fazemos a nós mesmos.

Muitas pessoas doentes e com risco de morrer podem ser favorecidas com seu rim, fígado, coração, córneas. Claro que se ainda estiverem em condições de serem aproveitados.

Coloquemo-nos no lugar dessas pessoas e, com certeza, sentiremos o sofrimento pelo qual passam com a doença e com a espera da oportunidade de receber outro órgão e de ter a possibilidade de prosseguir mais tempo na vida física, aproveitando a moratória para novos aprendizados.

Que ninguém se preocupe, pois a doação não provoca qualquer dano ao espírito, cujo perispírito tem seus próprios órgãos. Pelo contrário, o doador granjeará amigos e bênçãos pelo gesto de desprendimento e lhe permitirá melhor acolhimento no plano espiritual.

Mas, apesar da doação espontânea, pode haver a rejeição e esta, na essência, tem a ver com os méritos do receptor. Vale a lei de causa e efeito. Talvez não tenha chegado o momento de liberação do doente, que ainda necessita do sofrimento para expiação de seus erros e reeducação da alma. Então, o sistema imunológico do corpo do doente ataca o órgão estranho, que não se integra nas suas funções gerais.

Bom evitar, no entanto, a doação dos órgãos do corpo de quem em vida, de maneira categórica, se opôs à doação – o que revela sua ignorância ou egoísmo –, pois ele, em espírito, poderá se revoltar e se voltar contra o receptor, em processo de perturbação que poderá acabar gerando igualmente a rejeição, caso o doente com ele sintonize em desarmonia.

Em qualquer hipótese, o receptor deve sempre se colocar numa posição de humildade e gratidão, acolhendo o novo órgão como uma bênção e recebendo-o com carinho, assim contribuindo para a melhor adaptação das células em seu organismo.

Aborto

QUERO EM ESPECIAL ME REPORTAR ao aborto espontâneo, gerador de grande sofrimento para a mãe e o pai que, com natural alegria e ansiosos, aguardam o filho que preencheria as suas vidas.

Imaginemos a frustração da expectativa. O fim repentino de um sonho embalado desde o início do casamento. Roupinhas compradas... quarto preparado... tudo se acabando com a notícia de que o bebê não mais virá.

Para muitos, motivo de tristezas sem fim e de revolta. Busca de explicações para o aborto não esperado. E o medo de uma nova gravidez.

Mas nada acontece por acaso.

A maternidade e a paternidade frustradas têm explicação nos abusos de outras existências. Homem e mulher que, por egoísmo, se recusaram a ter filhos e passaram a reencarnação anterior apenas nos prazeres da carne e no desfrute dos gozos mundanos; pais que em outras vidas abandonaram, desprezaram ou mataram seus filhos ou crianças, agora amargam a impossibilidade ou a dificuldade de serem pais, para aprenderem a respeitar o próximo, valorizar a vida e a reencarnação.

Por sua vez, o espírito reencarnante, sujeito do aborto, pode ter sido alguém que no passado também abortou ou então tirou a própria vida, e agora se encontra em situação de querer renascer e não poder, para igualmente aprender a abençoar a vida.

Normalmente, pais e espírito estão vinculados pelo passado ilícito e hoje se reúnem para a experiência dolorosa, porém reeducativa.

Mas os pais podem ter aceitado passar pelo aborto por amor ao espírito que precisaria experimentar o insucesso da reencarnação. Esses pais são identificados pela resignação e pela segurança em prosseguir no ideal de ter filhos.

Pelo mesmo motivo, o espírito pode aceitar se vincular ao feto que não chegará a bom termo, para ajudar os pais a expiar os enganos do passado. É uma prova de pouco tempo, mas valorosa, e que lhe granjeará créditos morais pelo bem que proporcionará aos pais.

Interessante observar que, não raro, o espírito abortado prossegue considerando-se filho do casal e pode concretizar a reencarnação em oportunidade futura, assim prosseguindo na sua jornada de aprendizado.

Diante desse triste acontecimento, que os pais se resignem e se fortaleçam na fé em Deus, assim fazendo por merecer, em novo momento, a realização do sonho acalentado.

Por fim, ainda que rapidamente, é preciso consignar que o aborto provocado será sempre um crime aos olhos de Deus, mesmo que as leis humanas o permitam, salvo no caso de risco para a vida da mãe, porque isso impede uma alma de passar pelas provas a que serviria de instrumento o corpo que se estava formando.[16]

---

16   Allan Kardec, *O Livro dos Espíritos*, pergunta 358.

Morte precoce

AS CAUSAS ESPIRITUAIS DAS MORTES de crianças e adolescentes não discrepam muito das do aborto. A grande diferença é que, em relação aos filhos nascidos, os laços afetivos são mais apertados, por causa da convivência, o que provoca maior sofrimento.

E a desencarnação de criança ou jovem sempre nos parece contrária à lei natural, porque achamos que o normal seria os pais, os mais velhos, morrerem primeiro. Mas não podemos esquecer que a criança é um espírito milenar reencarnado, com virtudes a desenvolver e erros a reparar.

Suicidas e homicidas de existências passadas muitas vezes reencarnam para viver pouco tempo na nova experiência, assim completando período anteriormente perdido ou subtraído de alguém.[17]

Por mais doloroso que seja para os pais, o fato deve ser encarado dentro dos ditames da justiça divina, que não falha nunca. Cumprida a curta existência, o espírito irá se preparar para outra, agora em melhores condições.

Como no caso do aborto, a perda de filhos pequenos também pode representar para os pais uma prova ou expiação, tendo por causa situações de abandono ou crimes do passado.

A conformação diante do fato irreversível é necessária à paz interior e ao prosseguimento com a vida, que não cessa, nos convidando a outros aprendizados.

Como já consignado antes, o reencontro dos pais com o filho desencarnado é questão de tempo, já que somos todos imortais, e essa certeza conforta e consolida a alegria e a esperança.

---

17   Idem, pergunta 199.

Velhice... aproxima-se o retorno

SE VOCÊ NÃO MORRER ANTES POR QUALQUER CAUSA, fatalmente enfrentará o envelhecimento do corpo físico. É inevitável.

E se você se cuidar, poderá ter uma velhice saudável e alcançar até mais de um século de vida. Mas a decrepitude corporal chegará e será preciso aprender a lidar com isso, adaptando-se à limitação das forças.

E importante: o cérebro pode permanecer em plena atividade até os últimos dias, mas você deverá exercitá-lo constantemente, enriquecendo-se de conhecimentos e treinando as suas diversas possibilidades.

Diante da velhice, são necessárias algumas posturas mentais.

A aceitação ou resignação, considerando que a velhice corporal é uma fase natural e que serve à reflexão quanto à própria vida, reajuste dos relacionamentos e preparação para a desencarnação que se avizinha.

Humildade, porque fatalmente careceremos do amparo e mesmo da proteção do próximo, porque o corpo já não mais acompanhará a rapidez do pensamento.

Adaptação à nova realidade, mantendo atividades compatíveis com as forças físicas.

Velhice, por si mesma, nunca será desculpa para a acomodação. O espírito deve estar sempre na busca de novos conhecimentos e produzindo para o bem, porque é imortal. Todo conhecimento soma na evolução e favorecerá uma futura reencarnação em melhores condições.

Solidão e abandono… parceiros da morte

"ESTAR SÓ", DE VEZ EM QUANDO, é uma necessidade do espírito, para as próprias reflexões, leituras e orações, o que é importante para a reorganização dos pensamentos e dos sentimentos.

Nada a ver com solidão, que é uma situação de carência da alma e que a faz sofrer, porque não preenchida pela companhia de afetos. Na solidão, a pessoa se angustia, porque não só não tem com quem dividir suas tristezas e alegrias, mas como tem medo de adoecer e de morrer sozinha.

Com frequência, a velhice está de mãos dadas com a solidão e o abandono. Quando visitamos um abrigo de idosos ou nos deparamos com um idoso relegado aos fundos da residência dos filhos, sempre fica uma certa tristeza e um sentimento de compaixão. Talvez porque nos imaginemos naquela situação um dia... Passa pela cabeça o egoísmo ou a indiferença dos familiares.

Mas, de outro lado, devemos considerar que somos compelidos a colher os frutos da nossa semeadura, sem que isso justifique a conduta daquele que se coloque na posição de nosso cobrador. E então se faz necessária uma viagem ao passado.

Ser abandonado na velhice pode ter por causa a conduta infeliz na mesma reencarnação. O velho de hoje pode ter sido o egoísta de ontem, que não quis ter família e filhos para não ter problemas e preocupações; também pode ter abandonado a família ou ter sido cruel com os seus integrantes.

Não plantou amizade, afeto e atenção, de modo a colher respeito, companhia e solidariedade nas horas amargas. No abandono e na solidão, poderá refletir sobre a vida, sobre a necessidade da vida em grupo e a importância do amor nas relações pessoais.

Apesar disso, devemos nos esforçar para cumprir o "honrar pai e mãe", amparando-os e respeitando-os, porque, no mínimo, eles nos concederam a oportunidade da reencarnação, e só por isso já merecem a nossa gratidão e retribuição.

E talvez o nosso amor ou compaixão sirva para reflexão e mudança de sentimentos nesse apagar das luzes da experiência humana, contribuindo para que o idoso retorne à Espiritualidade em uma situação mais confortável.

Seja qual for a nossa situação, a mentora espiritual Joanna de Ângelis nos ensina que "ninguém será solitário se for solidário"[18], querendo dizer que, se formos abandonados pelos nossos familiares, podemos sair da solidão e construirmos novos laços de afeto, na medida em que nos tornamos solidários e amigos de outras pessoas também solitárias e carentes.

---

18   *O homem integral*, Joanna de Ângelis, psicografia de Divaldo Pereira Franco.

Avisos sobre a morte... preparando as emoções

EM GERAL, NÃO HÁ DIA CERTO E DEFINITIVO para morrer. Há previsão, programação, conforme as necessidades do espírito, podendo haver antecipação ou prorrogação. Por isso, ninguém nasce sabendo quando vai desencarnar.

A informação traria mais prejuízos do que benefícios.

Como somos imperfeitos, a maioria das pessoas seguiria angustiada. Sabendo que a morte vem logo, iria querer aproveitar o tempo para gozar e não se preocuparia em aprender ou fazer algo realmente útil para o espírito. E se a morte demorar, também viveria no prazer, deixando para mais tarde o que poderia fazer de pronto.

A incerteza nos leva ao esforço e ao trabalho, já que não se sabe quando chegará o dia do retorno à Espiritualidade.

Apesar disso, excepcionalmente, algumas pessoas têm acesso a essa informação, em sonhos, em transe mediúnico ou mesmo por comunicações espirituais.

Ainda não se tem certeza de como é possível a penetração no futuro e nem se encaixa nesta obra discutir as teses a esse respeito, justamente por causa da complexidade do tema.

A premonição, no entanto, é um fato. O pesquisador espírita italiano Ernesto Bozzano, desencarnado em 1943, escreveu o livro *Fenômenos premonitórios*, no qual relata diversos casos de premonições de mortes, doenças, acidentes e catástrofes naturais.

Em particular, Bozzano menciona o caso de um menino chamado William:

> Oito dias atrás, a família encontrava-se reunida, de repente, viu-se o pequeno William, de apenas doze anos, empalidecer e ficar imóvel; todos prestam atenção, e o escutam pronunciar estas palavras: 'Vejo uma criança adormecida, deitada numa caixa de veludo, com uma coberta de seda branca; em volta, coroas e flores. Por que meus pais choram? ... esta criança, sou eu.'
>
> Chocados pelo terror, o pai e a mãe pegam William, cobrem-no de beijos e de lágrimas. Ele volta a si, e entrega-se com ardor vivo às brincadeiras de sua idade. Não havia passado uma semana quando a família, sentada à sombra após o almoço, procurou a criança que se encontrava ali, um instante antes. Ninguém o vê, chama-se por ele, nenhuma voz responde. Cem gritos de dor entrecruzam-se, percorre-se o jardim em todos

os sentidos: William desapareceu. Após uma hora de buscas e de angústias, encontra-se a criança no fundo de uma pia de uma fonte na qual tinha-se afogado, debruçando-se sobre ela, para pegar um barquinho que o vento soprava para longe da margem...[19]

Em qualquer caso, a premonição tem por finalidade preparar o espírito para o que vem pela frente, atenuando as emoções e sofrimentos, e convidando a reflexões e atitudes diante da grave ocorrência entrevista.

---

19   Ernesto Bozzano, *Fenômenos premonitórios*, editora Centro Espírita Léon Denis, 1ª. edição, pág. 79.

Doenças... sempre um aprendizado

A ONU – ORGANIZAÇÃO DAS NAÇÕES UNIDAS define saúde como sendo um estado de completo bem-estar físico, mental e social. Por outras palavras, poderíamos dizer que uma pessoa saudável é aquela que se considera bem e feliz mental e fisicamente, sem doenças, e que se vê atendida nas suas necessidades sociais, com pelo menos o mínimo para moradia, educação, lazer, segurança e saúde.

Mas não podemos deixar de considerar que somos eminentemente seres espirituais e que, por isso, também importa que nos preocupemos com a saúde do espírito, o que implica nas nossas relações morais conosco mesmo, com o próximo e com Deus.

Muitas pessoas que se apresentam saudáveis e felizes às vezes já são enfermos espirituais, porquanto a conduta permissiva e desregrada, sempre com origem na mente, começa por desequilibrar o perispírito, cuja estrutura molecular é muito mais suscetível ao pensamento, até que o agravamento chega ao corpo físico e se manifesta como doenças de toda natureza.

Por outro lado, o espírito maduro é capaz de viver feliz e sereno mesmo diante do corpo defeituoso, superando os seus limites e dificuldades.

Doença, em regra, é sempre uma consequência dos abusos e excessos a que se entrega a criatura, nesta ou em existências passadas. Daí a recomendação para que a pessoa adote um modo de vida pautado no equilíbrio.

Alimentação: nem de mais, que pode causar obesidade mórbida e graves doenças do sistema circulatório e hormonal; nem de menos, que leva à carência de vitaminas, à imunidade rebaixada e até mesmo à anorexia.

Atividades físicas: aquelas suficientes para manter o corpo em regular funcionamento e força natural, em qualquer fase da vida, evitando-se o sedentarismo inibidor ou os abusos de exercícios físicos em academias, que exigem da musculatura um esforço maior para se adquirir a estética dos tempos modernos, em horas sem fim que poderiam ser aproveitadas para outras ações mais úteis.

Atividades intelectuais: indispensáveis à aquisição do conhecimento e ao desenvolvimento da inteligência e da sabedoria, mas sem que a vaidade extrapole o esforço de conhecer, o que pode levar à perturbação e a quadros de desequilíbrio espiritual.

Mas o equilíbrio nessas áreas é uma decorrência natural da conquista da harmonia dos sentimentos e das emoções. Confirmando a assertiva grega do "mente sã, corpo são", em consonância com as causas espirituais referidas pelo Espiritismo, a medicina moderna avança aceitando que grande parcela das doenças físicas tem a ver com a conduta emocional do paciente. Daí os inúmeros diagnósticos de ansiedade, estresse e depressão, aos quais ajuntamos os sentimentos de ódio, ciúmes, inveja, ambição e remorso.

E, nesse contexto, o Espiritismo acrescenta a obsessão como uma forma de doença, pois a influência perniciosa de um espírito inferior, independentemente de seus motivos, é causa determinante de perturbações mentais e de mal-estares, que, perdurando, convertem-se nos mais variados desarranjos físicos.

Há doenças de curta, média ou longa duração, mas seja qual for não se trata de castigo de Deus, senão um processo reeducativo da alma, que se engrandecerá se souber vencer essa etapa com paciência, resignação e coragem, com uma fé ativa, que aceita a prova mas se esforça para cura.

E todos os meios de cura são válidos: os tradicionais, os alternativos e mesmo os recursos espirituais, pois o esforço pelo tratamento acrescenta méritos na ficha da pessoa, enriquecendo suas virtudes e aprimorando a alma.

Curar o corpo nem sempre significa curar a alma. Os medicamentos e cirurgias podem consertar o órgão danificado, mas se a alma não aproveita a experiência para refletir sobre sua conduta e se moralizar, o corpo adoecerá novamente, gerando mais sofrimento.

Algumas vezes, encontrar a cura constitui moratória, mais um período de permanência na Terra. A Espiritualidade, analisando as circunstâncias e as condições pessoais do espírito encarnado, pode entender conveniente que aqui permaneça e, empregando recursos fluídicos, renova os órgãos e as energias do corpo, que então durará por mais um tempo.

Mas há doenças incuráveis. E nem sempre é fácil encarar a notícia.

A psiquiatra suíça Dra. Kubler Ross, que escreveu vários livros tratando da morte, apresentou seu modelo de cinco etapas comumente observadas no enfrentamento da doença incurável:

> Negação e isolamento: Isso não pode estar acontecendo.
> Cólera (Raiva): Por que eu? Não é justo.
> Negociação: Deixe-me viver apenas até meus filhos crescerem.
> Depressão: Estou tão triste. Por que me preocupar com qualquer coisa?
> Aceitação: Tudo vai acabar bem.

Evidente que há variadas maneiras de se enfrentar a doença. Algumas pessoas se desesperam e outras são destemidas e serenas. O Espiritismo, porque ensina sobre as justas causas das nossas aflições, pode contribuir para que sejamos fortes e corajosos, aceitando a ocorrência dolorosa e enfrentando-a dia a dia, até que se consume o momento da desencarnação.

Enfrentar a doença, incurável ou não, com paciência e resignação faz bem ao espírito e contribui para uma desencarnação em melhores condições, porque indica que aprendeu a lição e se reeducou, assim reajustando o perispírito. Ao contrário, o espírito revoltado levará para a Espiritualidade, e possivelmente para outra existência, o corpo espiritual ainda necessitado de reparação, o que implicará na persistência do processo doentio.

Morte... enfim...

SE VOCÊ ME ACOMPANHOU ATÉ AQUI, parabéns pela paciência. Queria saber um pouco mais sobre a morte e antes teve de ler sobre outras coisas. É que achei que era preciso uma preparação, tratar de assuntos importantes e correlatos ao nosso tema principal. Aliás, preparar-se para a morte deveria ser uma prática constante. Porém, se nem se quer pensar na morte, muitos menos preparar-se para ela.

Mas, se você prosseguir, tenho certeza de que esta nossa conversa um dia poderá lhe ser útil.

Medo da morte

HÁ MEDO DE MORRER E HÁ MEDO DA MORTE. No primeiro caso, falamos do fenômeno biológico; no segundo caso, das expectativas em relação à sorte da alma.

O medo de morrer é natural, instintivo e até necessário, um mecanismo da lei para a conservação da vida. Sem ele, não haveria cuidados e prudência diante do perigo e a perpetuação das espécies estaria em jogo.

Só o espiritualista tem medo da morte, porque para o materialista não existe alma e nada sobrevive à morte do corpo. O Espiritismo procura atenuar esse medo, oferecendo-nos um painel mais claro sobre as possíveis situações do espírito após o decesso corporal. Mas é justamente a crença na vida futura, robustecida pelos conhecimentos espíritas, a grande chave para se eliminar o temor diante da morte.

Allan Kardec, na obra *O Céu e o Inferno*, destaca:

> À proporção que o homem compreende melhor a vida futura, o temor da morte diminui; uma vez esclarecida a sua missão terrena, aguarda-lhe o fim calma, resignada e serenamente. A certeza da vida futura dá-lhe outro curso às ideias, outro fito ao trabalho; antes dela nada que se não prenda ao presente; depois dela tudo pelo futuro sem desprezo do presente, porque sabe que aquele depende da boa ou da má direção deste.

E prossegue:

> Para libertar-se do temor da morte é mister poder encará-la sob o seu verdadeiro ponto de vista, isto é, ter penetrado pelo pensamento no mundo espiritual, fazendo dele uma ideia tão exata quanto possível, o que denota da parte do espírito encarnado um tal ou qual desenvolvimento e aptidão para desprender-se da matéria.[20]

O medo da morte não surgiu do nada. É atávico, herança de um processo educativo desta e doutras reencarnações.

Teme-se o Além porque é desconhecido. Até o advento do Espiritismo pouco se ouvia falar sobre a vida espiritual. Preponderavam os dogmas religiosos do paraíso, do inferno e do purgatório, principalmente estas duas últimas figuras, já que o pecado entre os homens sempre foi dominante. Então, morrer signi-

---

20   Allan Kardec, *O Céu e o Inferno*, cap. II, editora FEB.

ficava entregar a alma ao suplício eterno, sofrer indefinidamente, experiência que ninguém gostaria de suportar.

Outros temem a morte pelo sofrimento que viram passar aqueles que já morreram. Mas a morte em si mesma não é dolorosa. Sofre-se, sim, por causa da doença ou dos ferimentos impostos ao corpo, mas que existem ainda que não levem ao fim da vida. Desmaios, perda de consciência ou dormir repentinamente de cansaço, episódios comuns numa doença, são experiências equiparadas à morte, com a diferença de que naqueles casos a pessoa retoma o corpo.

A morte também assusta quando se pensa em deixar as pessoas que se ama, sem a possibilidade de vê-las novamente. Pior do que o nada dos materialistas é conviver eternamente com a saudade. Ah! Bendita a imortalidade e bendito o Espiritismo que nos apresenta o Deus de justiça e misericórdia.

A morte apenas lança o espírito de volta ao mundo espiritual, tão natural quanto este em que vivemos, sujeito às mesmas leis físicas, apenas que vibrando em faixas diferentes. Reencontraremos os que partiram primeiro e esperaremos aqueles que retornarem depois de nós, como familiares que se transferem para outra localidade.

Os bons se reúnem em lugares mais harmoniosos e isso lhes constitui motivo de felicidade. Os inferiores vivem juntos em regiões mais difíceis e agrestes, e isso é motivo de sofrimento, mas de onde podem sair quando, arrependidos, clamarem pelo socorro divino.

Essas informações ajudam a pensar na morte com um pouco mais de tranquilidade.

No entanto, apesar disso, há pessoas que sentem um medo exacerbado só de ouvir falar sobre a morte. São, muita vez, espíritos que em outras existências tiveram mortes violentas ou sofreram muito para morrer, experiência que se converte em trauma e acompanha a pessoa mesmo em futura reencarnação. Nesse caso, a terapia espírita e a psicológica podem ajudar a atenuar as angústias.

Sobre a vida espiritual voltaremos mais no final do nosso estudo.

Preparação para a morte

EM VERDADE, PREPARAR-SE PARA A MORTE DEVE ser um processo permanente. A boa morte é o resultado de uma vida boa – no sentido nobre da palavra – ao longo da reencarnação. Ninguém conseguirá reverter nos últimos suspiros os muitos enganos do passado. Bom que nos conscientizemos disso e comecemos agora mesmo a repensar os nossos passos, especialmente porque poderemos ser chamados de retorno abruptamente, a qualquer momento.

Com pouco ou muito tempo para mudar a maneira de ser, seguem algumas sugestões que podem favorecer uma desencarnação em melhores condições.

Em primeiro lugar, desapegue-se das coisas materiais, dos cargos importantes e de qualquer outra coisa que realce a personalidade humana. Tudo o que é da Terra pode ser útil ao nosso aprendizado, mas não nos pertence, são empréstimos divinos. Na Espiritualidade só valem o bem que fazemos e as virtudes desenvolvidas, que iluminam o espírito.

E, por mais duro que seja, desapegue-se também das pessoas. Não quer dizer deixar de amá-las ou de sentir saudade. O que é prejudicial é aquela dependência emocional, o "sem ela eu não posso viver", porque somos individualidades e assim seguimos a nossa jornada evolutiva. Amamo-nos e ajudamo-nos mutuamente, mas cada um tem as próprias experiências. Depois, podemos sempre ampliar o nosso círculo de fraternidade e de solidariedade, partilhando outras experiências enriquecedoras. Cada alma nos impressiona e nos alimenta de uma forma, com valores diferenciados. A separação dos mais afins quase sempre quer nos proporcionar a lição da independência, para que possamos adquirir outros conhecimentos. De qualquer maneira, um dia haverá a reaproximação e um novo caminhar juntos.

Liberte-se igualmente dos vícios e das paixões de qualquer natureza. A vontade descontrolada para as drogas, a comida, o sexo e o jogo pode persistir mesmo após a desencarnação e o espírito sofrerá com a não satisfação dos seus desejos, fazendo com que permaneça na crosta terrena e busque entre os encarnados parceiros para a sua realização, convertendo-se então num verdadeiro obsessor, voluntária ou involuntariamente.

Procure deixar os seus negócios e a situação financeira em dia. Pague todas as suas contas, organize seus papéis e coloque a família a par de tudo, para que, em desencarnando, seus entes queridos não se aborreçam com as exigências da lei, não passem necessidades e não sofram materialmente com a sua partida. Como espírito, você não mais vai ter de se preocupar com essas coisas, mas certamente também sofrerá com as angústias dos familiares pelo seu descaso.

Talvez, no fim da vida, você se arrependa dos seus erros e cultive algumas culpas. Saiba que o arrependimento é ótimo, porque significa que percebeu o engano e conseguiu separar o certo do errado. Mas remoer culpas é bobagem. Só serve para fazer sofrer e inutilmente, porque não se pode mudar uma vírgula do passado. Deus é amor e quer que nos dediquemos à prática do bem.

Então, perdoe-se e, se der tempo, procure a reconciliação com seu desafeto, de modo a ingressar na Espiritualidade mais tranquilo. E se está carregado de ódio, mais forte é o motivo para rever sua maneira de sentir, porque o ódio é um pensamento negativo e vai conduzir o espírito para regiões inferiores. Ademais, estando no plano espiritual é mais difícil a tentativa de reconciliação com quem ficou encarnado, o que prolongará o sofrimento até o reencontro na espiritualidade ou em outra encarnação.

Viva assim a cada dia e você estará preparado quando for chamado de regresso à pátria espiritual.

Suicídio

NUNCA, EM HIPÓTESE ALGUMA, seja qual for a dificuldade ou a situação. Nunca, mesmo! Nunca se permita o pensamento, o desejo de tirar a própria vida.

Allan Kardec perguntou aos espíritos superiores:
– Tem o homem o direito de dispor da sua vida?

E eles responderam: "Não; só a Deus assiste esse direito. O suicídio voluntário importa numa transgressão dessa lei."[21]

Não se trata de um pecado que Deus vai punir porque simplesmente Sua vontade foi contrariada. O Criador não é temperamental e nem vingativo. É uma questão de efeitos físicos e morais.

Físicos, porque o corpo está impregnado de fluidos

---
21 Allan Kardec, *O Livro dos Espíritos*, questão 944.

vitais, os órgãos estão em funcionamento e a agressão que provoca a morte abrupta atinge o perispírito e este igualmente se desestrutura, de modo que o espírito carregará para a Espiritualidade o sofrimento disso decorrente e necessitará de outra reencarnação, para que um novo corpo contribua para a reorganização.

Morais, porque a morte prematura interrompe os compromissos assumidos para a reencarnação, os quais deverão ser retomados em nova oportunidade, que poderá demorar e se apresentar com maiores dificuldades; além disso, o espírito suicida afasta-se dos seus entes queridos por tempo indeterminado e tudo isso irá se converter em sofrimentos decorrentes da culpa pelo ato extremado.

As igrejas remetem para o fogo eterno e sem perdão os que se matam. Mesmo nos meios espíritas alguns ainda acham que todos os suicidas terão de amargar as consequências do seu crime em vales tenebrosos.

Não obstante as aflições inevitáveis, a situação do suicida após a morte é muito variada, porque Deus sempre leva em conta a intenção e a maturidade do espírito. Assim, a jovem depressiva e por todos ignorada que acaba tirando a vida por desespero não terá o mesmo destino do criminoso que se mata para não ir preso. Aquela poderá de pronto ser socorrida e levada para hospitais, ao passo que este sofrerá com as impressões do corpo em decomposição e poderá ser conduzido por espíritos inferiores a zonas de purgação, mas de onde sairá quando estiver sinceramente arrependido e em prece rogar a ajuda divina.

Aqui relembro a obra memorável da médium Yvonne Pereira, pela parceria dos espíritos Camilo Castelo Branco e Léon Denis, que relatam sobre o trabalho de Maria de Nazaré, a quem Jesus atribuiu a elevada tarefa de socorro aos suicidas e que criou um hospital na Espiritualidade a eles especialmente destinado.

Você, meu amigo leitor, se quiser aprofundar o assunto, nesse livro encontrará um quadro completo de informações e relatos que certamente irão lhe dar forças para permanecer na sua reencarnação até o fim, apesar das dificuldades.

Voltemos...

Matar-se não é simplesmente tirar a vida violentamente, com veneno, corda ou arma de fogo. Há o suicídio lento, provocado pelas viciações e que aos poucos vão prejudicando o bom funcionamento dos órgãos e o prosseguimento da vida. Claro que não é nada consciente e a pessoa nem quer se matar, pelo contrário, quer viver prazerosamente. Mas o fato é que os abusos sobrecarregam os órgãos e estes entram em colapso e causam a morte antecipada, ou seja, antes do tempo programado. Dependendo da gravidade, o espírito poderá ser compelido a completar o tempo perdido em uma reencarnação curta, na qual morrerá criança ou jovem.

A próxima reencarnação do suicida, infelizmente, não será tranquila. Os traumas e lesões perispirituais fatalmente repercutirão no novo corpo e este apresentará deformidades ou disfunções nos órgãos correspondentes aos atingidos pelo golpe fatal, perturbações essas que serão mais ou menos graves conforme as circunstâncias atenuantes e agravantes. Quem dá um tiro na cabeça poderá, por exemplo, retornar doente mental; quem pula das alturas, poderá ser um paraplégico, e assim por diante.

Não raro, o espírito suicida reencarna no grupo familiar junto daqueles que de alguma forma contribuíram para o ato extremo, por indução direta ou indireta, e que serão para ele a proteção de que necessitará para a dura expiação.

Nesse triste capítulo, o Espiritismo tem contribuído para minimizar as estatísticas, porquanto fortalece a fé e a coragem da criatura diante das frustrações e angústias humanas, ensinando sobre a justiça divina, a sobrevivência da alma, reencarnação e lei de causa e efeito.

Sabendo que a vida e os problemas não cessam com a morte, que os compromissos assumidos deverão de qualquer forma ser honrados num futuro não distante e com mais dificuldades, que o sofrimento será extremo e inimaginável, a pessoa pensará muitas vezes antes de matar o corpo que Deus lhe concedeu para a glória e a felicidade.

Eutanásia

A ORIGEM DA PALAVRA VEM DO GREGO e significa "boa morte". Ocorre quando se abrevia a vida de um enfermo incurável, de maneira controlada e assistida por um especialista. Diz-se ativa a eutanásia realizada com a aplicação de alguma substância; e passiva quando simplesmente se retiram remédios, aparelhos e nutrientes que mantêm a vida.

No entanto, nada há de bom nesse expediente. Pelo contrário, se é o doente quem pede a eutanásia, está igualmente cometendo um suicídio. E quem a aplica comete um homicídio aos olhos de Deus, ainda que seu propósito seja supostamente o da caridade, por terminar com o sofrimento de alguém.

É que a doença terminal ou mesmo o coma em que se encontra a pessoa, por mais dolorosos que sejam, são experiências importantes à expiação e ao aprendizado do espírito culpado, que com a eutanásia se perdem.

Para o materialista isso não tem cabimento. A morte é o fim e nada justifica deixar alguém sofrendo se a vida não mais é possível.

Mas somos espiritualistas, reencarnacionistas e confiamos na justiça divina. Assim, não devemos admitir essa conduta, de qualquer forma.

O doente que solicita a morte poderá sofrer consequências assemelhadas às do suicídio, como já mencionamos no item anterior. Já o aplicador assume a responsabilidade pelo homicídio, ainda que passe ignorado ou tolerado pelos homens.

O espírito André Luiz, no livro *Obreiros da vida eterna*, narra interessante trabalho de amparo à desencarnação de Cavalcante, que se encontrava no fim de sua jornada mas resistia à morte por medo.

Diz o autor:

> O clínico, todavia, não se demorou muito, e como o enfermo lutava, desesperado, em oposição ao nosso auxílio, não nos foi possível aplicar-lhe golpe extremo. Sem qualquer conhecimento das dificuldades espirituais, o médico ministrou a chamada "injeção compassiva", ante o gesto de profunda desaprovação do meu orientador. Em poucos instantes, o moribundo calou-se. Inteiriçaram-se-lhe os membros, vagarosamente. Imobilizou-se a máscara facial. Fizeram-se vítreos os olhos móveis.
>
> Cavalcante, para o espectador comum, estava

morto. Não para nós, entretanto. A personalidade desencarnante estava presa ao corpo inerte, em plena inconsciência e incapaz de qualquer reação. Sem perder a serenidade otimista, o orientador explicou-me:

— A carga fulminante da medicação de descanso, por atuar diretamente em todo o sistema nervoso, interessa os centros do organismo perispiritual. Cavalcante permanece, agora, colado a trilhões de células neutralizadas, dormentes, invadido, ele mesmo, de estranho torpor que o impossibilita de dar qualquer resposta ao nosso esforço.

Provavelmente, só poderemos libertá-lo depois de decorridas mais de doze horas.

Dessa forma, o Espiritismo sai em defesa da Vida não simplesmente por uma questão de fé ou pelo princípio religioso de que só Deus tem o direito de tirá-la, porque foi Ele quem a criou, mas igualmente porque há motivos científicos que a suportam.

Distanásia e ortotanásia

TEM GENTE QUE NÃO QUER MORRER de jeito nenhum e nem deixar que o ente querido morra, como se fosse possível a imortalidade num corpo de carne. E então, mesmo diante de um quadro extremo e que já se encaminha irremediavelmente para o decesso, são usados todos os recursos artificiais para prolongar a vida, inclusive ligando o corpo a aparelhos em unidades de tratamento intensivo. Isso é chamado de distanásia.

O que se consegue, na verdade, é apenas prolongar o sofrimento do paciente.

É preciso deixar-se libertar e libertar o espírito que chega ao fim de sua jornada na Terra e deve seguir para o plano espiritual, que é a sua morada definitiva. Esse apego demonstra que ainda ignoramos as leis divinas e que os nossos sentimentos precisam ser melhor trabalhados, para ganharmos em fé e coragem.

Ortotanásia é o morrer naturalmente, com dignidade, quando inúteis quaisquer outros procedimentos para o restabelecimento da saúde. Ao contrário do frio do ambiente hospitalar e o incômodo de aparelhos, o doente pode, na sua residência, aproveitar os últimos momentos para despedidas e orações junto aos familiares, o que em muito facilitará o trabalho de desencarnação.

O atual Código de Ética Médica do Brasil, no parágrafo único do artigo 41, estabelece que:

"Nos casos de doença incurável e terminal, deve o médico oferecer todos os cuidados paliativos disponíveis sem empreender ações diagnósticas ou terapêuticas inúteis ou obstinadas, levando sempre em consideração a vontade expressa do paciente ou, na sua impossibilidade, a de seu representante legal."

O paciente, pois, tem o direito de optar por morrer em paz e sua vontade deve ser respeitada pelos médicos e familiares.

Pena de morte

JÁ TIVE A OPORTUNIDADE DE ANALISAR o tema em livro anterior e os argumentos contra esse homicídio estatal ainda permanecem atuais. Com alegria, verifico que a pena de morte tem sido cada vez menos aplicada nos países democráticos e mesmo nos autocráticos, dada a pressão global, em especial da ONU – Organização das Nações Unidas, que a considerou ilegal. Espero que, no futuro, essa prática seja erradicada globalmente, assim como aconteceu com a escravidão.

Seguem as minhas ponderações[22]:

---

[22] Donizete Pinheiro, *Respostas espíritas*, Edições Sonia Maria.

A doutrina espírita é totalmente contrária à pena de morte, entendendo, acima de tudo, que a vida é bênção concedida por Deus e que somente a Ele cabe decidir pelo seu fim.

Analisado o tema apenas sob o enfoque humano, os argumentos já são fortes o suficiente para a recusa do homicídio legalizado. Os repetidos erros judiciários indicam a probabilidade de se tirar a vida de um réu posteriormente isento de culpa, sem que seja possível reparar o engano. Alegam os defensores da pena de morte que esta será exemplo certo para outros criminosos, freando a violência. Engano, porém, uma vez que o índice de criminalidade não caiu nos países que a adotaram. A maioria dos bandidos parte para o crime já sabendo que corre o risco de morrer no confronto com as vítimas ou policiais. Vida, própria ou dos outros, é componente de menor importância para os criminosos violentos. Dizem outros que esses homens não valem as despesas que dão nas prisões, mas os gastos com eles não são menores do que com qualquer detento de menor periculosidade.

Na verdade, a posição dos defensores da pena de morte é cômoda. Mais fácil é eliminar o problema do que solucioná-lo. Um levantamento da vida pregressa de grandes criminosos quase sempre indica uma infância e juventude difíceis, de miséria, sem escola e de precária estrutura familiar. Sem amparo e orientação certa, sem o mínimo necessário a uma vida digna, é mais provável que a criança se torne adolescente e adulto criminoso. É o que temos visto nas grandes metrópoles, sem que a sociedade de uma maneira geral se mostre disposta a mover recursos em favor das crianças abandonadas.

O criminoso é um doente e a sociedade deve arcar com os ônus do seu tratamento, como trata de um louco, porquanto os doentes não deixam de ser cidadãos. O sentimento religioso nos diz que não podemos abandonar à própria sorte esses seres ou fazer uma seleção da espécie. Somos contrários ao crime, mas o criminoso requer respeito e orientação, para que se reintegre na sociedade de origem. Importante observar que normalmente recomendamos medidas extremas para os outros, mas será que agiríamos da mesma forma em se tratando de um filho?

Argumenta-se ainda, que a pena de morte seria aplicada somente aos irrecuperáveis. Mas não conhecemos o bastante a natureza humana para afirmar que alguém é irrecuperável. O Espiritismo nos ensina que o homem, sendo um espírito imortal, foi criado para a perfeição. Por mais que se demore no erro, com certeza arrepender-se-á e retomará o caminho do bem. E se isso não ocorrer nesta vida, se dará na Espiritualidade ou numa próxima reencarnação. O tempo que permanecer preso e em processo de reeducação é de suma importância ao amadurecimento do espírito. De outro lado, matando-se o criminoso, em verdade morre apenas o corpo. O espírito liberto, quiçá mais revoltado ainda, permanecerá entre nós incentivando outros homens à pratica de novos delitos, assim contribuindo para a manutenção do clima de violência.

A solução para esse grave problema é, e sempre será, a ação preventiva da educação com amor, da solidariedade verdadeira, proporcionando-se a todos, desde o nascimento, as condições indispensáveis à vida digna e voltada para o bem.

Morte natural

EM VERDADE, TODA MORTE SE DÁ POR FALÊNCIA dos órgãos, decorrente de uma doença ou de uma agressão. Aqui chamo de morte natural aquela que não foi antecipada de alguma forma. A vida seguiu normalmente até que chegou o momento de regresso à Espiritualidade. Muitos a enfrentam já idosos, às vezes com mais de um século.

O corpo físico não foi programado para a imortalidade. A matéria se desgasta e se destrói. Por necessidade do espírito, o nosso corpo tem um tempo certo de funcionamento, após o qual se encaminha para a morte.

Os cientistas estão relacionando o tempo de vida com os chamados telômeros, que são estruturas que se formam nas extremidades dos cromossomos e funcionariam como um relógio biológico.

Cada vez que a célula se divide, os telômeros são ligeiramente encurtados. Como estes não se regeneram, chega a um ponto em que não permitem mais a correta replicação dos cromossomos e a célula perde completa ou parcialmente a sua capacidade de divisão. O encurtamento dos telômeros também pode eliminar certos genes que são indispensáveis à sobrevivência da célula ou silenciar genes próximos. Como o processo de renovação celular não tolera a morte das células antes da divisão correta das mesmas, o organismo tende a morrer num curto prazo de tempo no momento em que seus telômeros se esgotam. Portanto, teoricamente, pode-se definir com exatidão a expectativa de vida de um ser vivo analisando quantos telômeros ainda restam em suas células, ou seja, quantas vezes as células ainda poderão se duplicar antes de o indivíduo morrer.[23]

Assim, mais cedo ou mais tarde, chega o momento em que o corpo perde a capacidade da renovação celular e as energias vão se esgotando, até o limite em que a vida não mais se sustenta, morrendo o corpo em colapso rápido ou por doenças que se estabelecem pela própria fraqueza ou desarranjos (derrames, infartos, complicações respiratórias e da digestão), mas sempre tendo em conta causas de natureza espiritual, próximas ou remotas.

Muitos dizem que preferem morrer de repente, rejeitando a possibilidade de ficar doente e sofrendo numa cama. Porém, a morte pelo esgotamento das forças tem o

---

23 Wikipedia.

seu lado positivo, porque há correspondente enfraquecimento dos laços vitais e fluídicos que prendem o espírito ao corpo, de modo que o afastamento do espírito é feito com muito mais facilidade e a desencarnação se dá com menos perturbações.

A respeito, o espírito André Luiz nos oferece a palavra esclarecida do instrutor Druso, ensinando que muitas vezes recebemos a

> bênção de prolongadas e dolorosas enfermidades no envoltório físico, seja para evitar-nos a queda no abismo da criminalidade, seja, mais frequentemente, para o serviço preparatório da desencarnação, a fim de que não sejamos colhidos por surpresas arrasadoras, na transição da morte. O enfarte, a trombose, a hemiplegia, o câncer penosamente suportado, a senilidade prematura e outras calamidades da vida orgânica constituem, por vezes, dores-auxílio, para que a alma se recupere de certos enganos em que haja incorrido na existência do corpo denso, habilitando-se, através de longas reflexões e benéficas disciplinas, para o ingresso respeitável na Vida Espiritual.[24]

Nessas circunstâncias, também, é comum a pessoa perceber a presença de espíritos familiares e amigos, que se aproximam para a recepção e acolhimento na nova vida. Para os médicos, são simples devaneios e alucinações por causa da doença, mas para o Espiritismo é um fato natural

---

24 André Luiz, psicografia de Francisco Cândido Xavier, *Ação e reação*, FEB.

e que se repete com muita frequência. É uma ocorrência que normalmente promove alegria e paz num quadro de sofrimento, diante da certeza de que não há um fim e que em breve será possível o reencontro dos entes queridos.

Um obstáculo à desencarnação suave é a conduta dos familiares, que acabam retendo o espírito ao corpo doente por causa das emanações fluídicas exteriorizadas pelos pensamentos e mesmo por orações suplicando pelo restabelecimento da saúde, ainda quando todos os prognósticos são pelo colapso iminente. Quando isso acontece, muitas vezes os mentores lançam mão do expediente da "melhora da morte"; então, transmitem ao doente uma quantidade de fluidos vitais que melhoram momentaneamente o seu quadro geral, de modo que os familiares se tranquilizam e deixam o local para descansar; assim, sem as aflitivas energias de retenção, é possível promover a desencarnação. Por esses motivos, quem ama de verdade deve aceitar a morte do ser amado e permitir que siga o seu caminho de volta à Espiritualidade, o que pode para ele ser um passo importante para a libertação do sofrimento.

Morte traumática

MORRER EM VIRTUDE DE ACIDENTES, homicídios ou calamidades naturais quase sempre tem uma conotação expiatória. Quer dizer: quem assim morre está depurando o espírito em razão de crimes ou viciações do passado, desta ou de outras vidas.

Comprometido com a justiça divina e consigo mesma, a criatura incorre na lei de causa e efeito e é compelida ao reajuste íntimo e à expiação e reparação do mal feito ao próximo e à sociedade, em momento que chega mais cedo ou mais tarde.

O reajuste poderia se dar pelo trabalho e pelo esforço no bem, mas o espírito ignorante e rebelde raramente escolhe esse caminho. Então, é compelido a passar por experiências assemelhadas ao que fez e que lhe proporcionem a consciência do engano cometido. Isso implica, porém, em sofrimento, em tanto suficiente ao seu despertar.

Assim é que alguém que numa vida passada matou outrem de forma violenta, numa seguinte poderá morrer da mesma forma, de modo a vivenciar as dolorosas sensações sofridas pela vítima de seu crime e com isso não mais desejar reincidir.

E pouco importa se a morte é individual ou coletiva, porque a experiência de cada espírito é sempre única e as consequências igualmente serão personalíssimas, levando-se em conta a ficha de débitos e méritos de cada um.

Em resposta aos questionamentos do codificador Allan Kardec sobre as mortes em calamidades, disseram os espíritos superiores:

> Venha por um flagelo a morte, ou por uma causa comum, ninguém deixa por isso de morrer, desde que haja soado a hora da partida. A única diferença, em caso de flagelo, é que maior número parte ao mesmo tempo.[25]

O espírito André Luiz faz interessante narrativa que bem ilustra a aplicação da lei de causa e efeito, ou seja, da correlação entre o que se faz e suas consequências.

Conta que estava com o amigo Hilário na Mansão Paz, um posto de socorro situado em zonas inferiores da Espiritualidade, quando a instituição recebeu pedido para socorrer os espíritos vitimados num acidente de avião, que havia colidido com o topo de uma serra.

---

25   Allan Kardec, *O Livro dos Espíritos*, questão 738.

O diretor Druso, dentre outros esclarecimentos, ensina:

> – Imaginemos que fossem analisar as origens da provação a que se acolheram os acidentados de hoje... Surpreenderiam, decerto, delinquentes que, em outras épocas, atiraram irmãos indefesos do cimo de torres altíssimas, para que seus corpos se espatifassem no chão; companheiros que, em outro tempo, cometeram hediondos crimes sobre o dorso do mar, pondo a pique existências preciosas, ou suicidas que se despenharam de arrojados edifícios ou de picos agrestes, em supremo atestado de rebeldia, perante a Lei, os quais, por enquanto, somente encontraram recurso em tão angustioso episódio para transformarem a própria situação.[26]

A grande diferença entre a morte natural e a morte traumática é que, neste caso, o corpo está pleno de fluidos vitais e o tempo de perturbação e de desligamento pode ser mais ou menos demorado. Ainda assim, os que estão em melhores condições, por causa de seus méritos recebem pronto socorro e os efeitos desse tipo de desencarnação são minorados.

A morte traumática, porém, não é um desfecho obrigatório e todo bem que praticamos serve à remissão de nossos débitos, atenuando as nossas expiações.

Voltemos à palavra abalizada do instrutor Druso:

---

[26] André Luiz, psicografia de Francisco Cândido Xavier, *Ação e reação*, capítulo Resgates coletivos, editora FEB.

Entretanto, não desconhecemos que nós, consciências endividadas, podemos melhorar nossos créditos, todos os dias. Quantos romeiros terrenos, em cujos mapas de viagem constam surpresas terríveis, são amparados devidamente para que a morte forçada não lhes assalte o corpo, em razão dos atos louváveis a que se afeiçoam!... Quantas intercessões da prece ardente conquistam moratórias oportunas para pessoas cujo passo já resvala no cairel do sepulcro?!... quantos deveres sacrificiais granjeiam, para a alma que os aceita de boa mente, preciosas vantagens na Vida Superior, onde providências se improvisam para que se lhes amenizem os rigores da provação necessária?! Bem sabemos que, se uma onda sonora encontra outra, de tal modo que as "cristas" de uma ocorram nos mesmos pontos dos "vales" da outra, esse meio, em consequência, aí não vibra, tendo-se como resultado o silêncio. Assim é que, gerando novas causas com o bem, praticado hoje, podemos interferir nas causas do mal, praticado ontem, neutralizando-as e reconquistando, com isso, o nosso equilíbrio. Desse modo, creio mais justo incentivarmos o serviço do bem, através de todos os recursos ao nosso alcance. A caridade e o estudo nobre, a fé e o bom ânimo, o otimismo e o trabalho, a arte e a meditação construtiva constituem temas renovadores, cujo mérito não será lícito esquecer, na reabilitação de nossas ideias e, consequentemente, de nossos destinos.[27]

---

27 Idem à referência 24.

Desencarnação... a libertação do espírito

POIS É, CARO AMIGO LEITOR, estamos quase no final da nossa conversa sobre a morte e agora é preciso falar sobre a desencarnação, que lhe é uma consequência.

Você já sabe que a morte se dá com o esgotamento dos órgãos físicos, o que impede a vida do corpo. A desencarnação é o desligar definitivo dos laços fluídicos que prendem o espírito ao corpo morto.

O processo, em si mesmo, não é doloroso, de modo que com isso o espírito não sofre. O último suspiro, as últimas aflições indicam o fim da vida do corpo e a partir daí começa o desatar do perispírito, o que pode ocorrer em minutos ou levar meses, dependendo dos méritos do espírito e da saturação de fluido vital.

Não há, em absoluto, uma desencarnação igual a outra, porque somos individualidades, ainda que o mecanismo de liberação possa ser assemelhado.

Voltando ao acidente aéreo analisado por André Luiz, seu companheiro Hilário quer saber por que estaria sendo providenciado auxílio apenas para seis das quatorze vítimas, tendo o instrutor Druso esclarecido:

– O socorro no avião sinistrado é distribuído indistintamente, contudo, não podemos esquecer que se o desastre é o mesmo para todos os que tombaram, a morte é diferente para cada um. No momento serão retirados da carne tão somente aqueles cuja vida interior lhes outorga a imediata liberação. Quanto aos outros, cuja situação presente não lhes favorece o afastamento rápido da armadura física, permanecerão ligados, por mais tempo, aos despojos que lhes dizem respeito.

E Hilário, na sua curiosidade sadia, prossegue perguntando quantos dias ainda os demais permaneceriam ligados aos seus corpos, sendo informado que:

– Depende do grau de animalização dos fluidos que lhes retêm o espírito à atividade corpórea. Alguns serão detidos por algumas horas, outros, talvez, por longos dias... Quem sabe? Corpo inerte nem sempre significa libertação da alma. O gênero de vida que alimentamos no estágio físico dita as verdadeiras condições de nossa morte. Quanto mais chafurdamos o ser nas correntes de baixas ilusões, mais tempo gastamos para esgotar as energias vitais que nos aprisionam à matéria pesada e primitiva de que se nos constitui a instrumentação fisiológica, demorando-nos nas criações mentais inferiores a que nos ajustamos, nelas encontrando combustível para dilatados enganos nas sombras do campo carnal, propriamente considerado. E quanto mais nos submetamos às disciplinas do espírito, que nos aconselham equilíbrio e sublimação, mais amplas facilidades conquistaremos para a exoneração da carne em quaisquer emergências de que não possamos fugir por força dos débitos contraídos perante a Lei. Assim é que 'morte física' não é o mesmo que 'emancipação espiritual.'

Importante alerta para todos nós: uma vida disciplinada e voltada para o bem favorece uma rápida e suave desencarnação.

Com a desencarnação, retornamos ao mundo espiritual, de onde viemos quando da reencarnação. Excluídos os espíritos ainda retardatários e quase primitivos, que permanecem imantados à crosta terrena, os de mediana evolução estamos vinculados a famílias e cidades espirituais, que, em regra, se encarregam de nosso acolhimento.

Assim, muitas vezes mesmo antes da morte do corpo, os amigos, familiares ou trabalhadores especializados já se preparam para nos ajudar no regresso, envidando todos os esforços para o nosso bem-estar, conforme os nossos méritos e necessidades.

Plano espiritual

COM A DESENCARNAÇÃO, retornamos ao plano ou mundo espiritual. Então, é bom que se reforcem as noções sobre o que ele é.

Nossa morada definitiva, o plano espiritual é uma outra dimensão, constituída de diversas faixas vibratórias de matéria em outros estados. Mais extenso, contém o mundo físico e o interpenetra, sem que o afete diretamente. Teoricamente, o mundo físico e o mundo espiritual poderiam existir de forma independente.

Imaginemos o espaço abaixo da crosta como sendo uma faixa vibratória mais grosseira, onde já existe vida, mas tão grosseira que para nós é impossível ali viver; em seguida temos os oceanos, com toda a sua flora e fauna diversificada, onde os humanos podem eventualmente estar desde que com aparelhos apropriados; após, a vida sobre a terra, com todas as peculiaridades já por nós conhecidas e que constitui o nosso *habitat* natural; finalmente temos as camadas atmosféricas, delimitadas por suas densidades e que podem ser alcançadas pelos pássaros e por nós, em aparelhos voadores.

As faixas espirituais existem nessa sequência, mas invisíveis aos nossos olhos e aparelhos, ainda. Assim, o plano espiritual começa aqui mesmo, na crosta terrena, e se estende para o alto em uma natureza assemelhada à nossa, com chão, plantas, animais e as cidades, com residências e prédios institucionais para as diversas atividades da vida comum, organizado inclusive em limites territoriais como as nossas divisões em países e continentes.

Para os espíritos libertos, esse mundo espiritual é tão concreto quanto o físico o é para os encarnados, de tal modo que muitas vezes o recém-desencarnado não se dá conta de que está em outro plano após a morte do veículo carnal.

O espírito André Luiz, como nos relata em sua obra *Nosso Lar*[28], deparou-se com uma verdadeira cidade, onde fora socorrido, e quis saber detalhes sobre a fundação dessa cidade espiritual e sua organização.

Foi o amigo Lísias quem lhe iniciou no conhecimento do assunto:

---

28 André Luiz, psicografia Francisco Cândido Xavier, *Nosso Lar*, cap. 8, editora FEB.

– Sem dúvida. Os planos vizinhos da esfera terráquea possuem, igualmente, natureza específica. 'Nosso Lar' é antiga fundação de portugueses distintos, desencarnados no Brasil, no século XVI. A princípio, enorme e exaustiva foi a luta, segundo consta em nossos arquivos no Ministério do Esclarecimento. Há substâncias ásperas nas zonas invisíveis à Terra, tal como nas regiões que se caracterizam pela matéria grosseira. Aqui também existem enormes extensões de potencial inferior, como há, no planeta, grandes tratos de natureza rude e incivilizada. Os trabalhos primordiais foram desanimadores, mesmo para os espíritos fortes. Onde se congregam hoje vibrações delicadas e nobres, edifícios de fino lavor, misturavam-se as notas primitivas dos silvícolas do país e as construções infantis de suas mentes rudimentares. Os fundadores não desanimaram, porém. Prosseguiram na obra, copiando o esforço dos europeus que chegavam à esfera material, apenas com a diferença de que, por lá, se empregava a violência, a guerra, a escravidão, e, aqui, o serviço perseverante, a solidariedade fraterna, o amor espiritual.

Se os espíritos superiores são capazes de erguer cidades espirituais de grande beleza, os inferiores são também capazes de moldar moradias e vilas, mas que terão sempre a aparência desagradável decorrente do estado interior em que permanecem.

Assim, se *na casa do Pai há muitas moradas*, cada um sempre a terá segundo os próprios méritos.

Desencarnação com méritos

A VIRTUDE DO DESENCARNANTE FACILITA o trabalho e atenua os efeitos da perturbação decorrente do rompimento dos laços vitais. Muitos são adormecidos e imediatamente conduzidos a hospitais da Espiritualidade, onde se refazem da cansativa jornada terrena. Os que têm noção da vida espiritual logo são informados sobre a desencarnação; os demais, só aos poucos são esclarecidos a respeito, para que o choque da realidade não prejudique a recuperação.

Esses, por causa de seus méritos, recebem uma atenção especial na morte e na desencarnação. Técnicos operam no corpo e no perispírito com eficiência e de modo a não provocar danos psicológicos e emocionais ao espírito. Afrouxam os laços energéticos nos centros de forças até o rompimento completo do cordão fluídico, quando então se completa a desencarnação. Se necessário, dissipam as energias vitais que restarem no corpo físico, para que não sejam absorvidas por espíritos inferiores, que delas necessitam para se manter equilibrados na crosta do planeta.

No livro *Obreiros da vida eterna*[29], o espírito André Luiz mantém com o assistente Jerônimo interessante diálogo sobre o auxílio espiritual em desencarnações. Pergunta ele ao assistente se todas as mortes se fazem acompanhar de missões auxiliadoras e se cada criatura precisa de núcleos de amparo direto.

O instrutor lhe responde:

> – Absolutamente. Reencarnações e desencarnações, de modo geral, obedecem simplesmente à lei. Há princípios biogenéticos orientando o mundo das formas vivas ao ensejo do renascimento físico, e princípios transformadores que presidem aos fenômenos da morte, em obediência aos ciclos da energia vital, em todos os setores de manifestação. Nos múltiplos círculos evolutivos, há trabalhadores para a generalidade, segundo sábios desígnios do Eterno; entretanto, assim como existem cooperadores que se esforçam mais intensamente nas edificações do progresso humano, há missões de ordem particular para atender-lhes as necessidades.

---

[29] André Luiz, psicografia de Francisco Cândido Xavier, *Obreiros da vida eterna*, capítulo Amigos novos, FEB.

E, percebendo que André Luiz estranhou a existência de missões particulares para determinadas criaturas, prosseguiu esclarecendo:

> – Não se trata de prerrogativa injustificável, nem de compensações de favor. O fato revela ordenação de serviços e aproveitamento de valores. Se determinado colaborador demonstra qualidades valiosas no curso da obra, merecerá, sem dúvida, a consideração daqueles que a superintendem, examinando-se a extensão do trabalho futuro. No plano espiritual, portanto, muito grande é o carinho que se ministra ao servidor fiel, de modo a preservar-lhe o devotado espírito da ação maléfica dos elementos destruidores, com o desânimo e a carência de recursos estimulantes, permitindo-se, simultaneamente, que ele possa ir analisando a magnitude de nosso ministério na verdade e no bem, em face do Universo Infinito.

Allan Kardec, na obra *O Céu e o Inferno*[30], apresenta várias comunicações sobre o destino dos espíritos após a desencarnação. Dentre elas, no capítulo dos *espíritos felizes*, destacamos a comunicação do espírito Samuel Filipe, considerado por Kardec um verdadeiro homem de bem, que nunca fora visto praticando voluntariamente uma ação má, devotado aos amigos, e que faleceu em dezembro de 1862, na idade de 50 anos, de moléstia atroz, sendo o seu passamento muito sensível à família e aos amigos. O codificador o evocou alguns meses depois de

---

30   Allan Kardec, *O Céu e o Inferno*, segunda parte, editora FEB.

sua morte e então ele transmitiu algumas informações sobre sua recepção no plano espiritual, destacando-se:

> Conquanto sofresse cruelmente com a moléstia que me acometeu, quase não tive agonia: a morte sobreveio-me como um sono, sem lutas nem abalos. Sem temor pelo futuro, não me apeguei à vida e não tive, por conseguinte, de me debater nos últimos momentos. A separação completou-se sem dor, nem esforço, sem que eu mesmo de tal me apercebesse. Ignoro que tempo durou o sono, que foi curto aliás. Meu calmo despertar contrastava com o estado precedente: não sentia mais as dores e exultava de alegria; queria erguer-me, caminhar, mas um torpor nada desagradável, antes deleitoso, me prendia, e eu me abandonava a ele prazerosamente, sem compreender a minha situação, conquanto não duvidasse ter já deixado a Terra. Tudo que me cercava era como se fora um sonho. Vi minha mulher e alguns amigos ajoelhados no meu quarto, chorando, e considerei de mim para mim que me julgavam morto. Quis então desenganá-los de tal ideia, mas não pude articular uma palavra, e daí concluí que sonhava. O fato de me ver cercado de pessoas caras, de há muito falecidas, e ainda de outras que à primeira vista não podia reconhecer, fortalecia em mim essa ideia de um sonho, em que tais seres por mim velassem. Esse estado foi alternado de momentos de lucidez e de sonolência, durante os quais eu recobrava e perdia a consciência do meu 'eu'. Pouco

a pouco as minhas ideias adquiriram mais lucidez, a luz que entrevia, por denso nevoeiro, fez-se brilhante; e eu comecei a compreender-me, a reconhecer-me, compreendendo e reconhecendo que não mais pertencia a esse mundo. Certamente, se eu não conhecesse o Espiritismo, a ilusão perduraria por muito mais tempo. O meu invólucro material não estava ainda inumado e eu o olhava com piedade, felicitando-me pela separação, pela liberdade. Pois se eu era tão feliz por me haver enfim desembaraçado! Respirava livremente como quem sai de uma atmosfera nauseante; indizível sensação de bem-estar penetrava todo o meu ser, a presença dos que amara alegrava-me sem me surpreender, antes parecendo-me natural, como se os encontrasse depois de longa viagem. Uma coisa me admirou logo: o compreendermo-nos sem articular uma palavra! Os nossos pensamentos transmitiam-se pelo olhar somente, como que por efeito de uma penetração fluídica. Eu não estava, no entanto, completamente livre das preocupações terrenas, e, como para realçar mais a nova situação, a lembrança do que padecera me ocorria de vez em quando à memória. Sofrera corporal e moralmente, sobretudo moralmente, como alvo que fui da maledicência, dessas infinitas preocupações mais acerbas talvez que as desgraças reais, quando degeneraram em perpétua ansiedade. E ainda bem não se desvaneciam tais impressões, já eu interrogava a mim mesmo se de fato delas me libertara, parecendo-me ouvir ainda umas tantas vozes desagradáveis. Reconsiderando as dificuldades que tanto e tantas vezes me atormentavam, tremia; e procurava, por assim dizer, reconhecer-me, assegurar-me que tudo aquilo não passava de fantástico sonho. E quando cheguei à conclusão, à realidade dessa nova situação, foi como se me aliviasse de um peso enorme.

***

E esse espírito, que desencarnou em boas condições, nos traz um alerta:

Ah! pudessem os homens compreender a vida futura, e que força, que coragem esta convicção não lhes daria na adversidade. Quem deixaria então, na Terra, de prover e assegurar-se da felicidade que Deus reserva aos filhos dóceis e submissos? Gozos ambicionados, invejados, tornar-se-iam mesquinhos em relação aos que eles desprezam!

Desencarnação sem méritos

OS ESPÍRITOS SENSUAIS, os viciosos, os de má-fé, os revoltados e os materialistas enfrentarão muitas dificuldades, pois, afastados de Deus e mantendo a mente aprisionada a pensamentos inferiores, não estão em condições de receber a ajuda superior. Colhem exatamente os frutos da semeadura infeliz. Chegam ao plano espiritual, portanto, em péssimas condições.

A situação desses espíritos na Espiritualidade varia muito e não há como se apresentar todas as possibilidades, de modo que destacarei algumas ocorrências principais, para que você, leitor, possa fazer sua própria avaliação.

Espíritos fúteis, levianos e descrentes

ESSES, PORQUE LEVARAM UMA VIDA MUNDANA, fútil, apegada aos prazeres, sem maiores preocupações com a religiosidade e os valores morais, podem permanecer ligados aos seus despojos carnais e mesmo acompanhar a decomposição, o que lhes é motivo de muito horror.

Novamente nos socorrendo com André Luiz para ilustrarmos o assunto, conta ele sua experiência num cemitério, quando se deparou com o espírito de uma mulher que chorava sobre um túmulo, aflita e dizendo estar vivendo um pesadelo, não conseguindo retornar para a companhia do marido e dos filhos e achando que poderia morrer, quando na verdade isso já ocorrera e não se dera conta. André fala que percebeu que um fio de energia pendia-lhe da cabeça em direção ao solo – onde certamente se encontrava o corpo da moça. André se preocupa em auxiliar, mas é orientado por um dos trabalhadores daquele local.

– É inútil – esclareceu o prestimoso guarda, equilibrado nos conhecimentos de justiça e seguro na prática, pelo convívio diário com a dor – nossa desventurada irmã permanece sob alta desordem emocional. Completamente louca. Viveu trinta e poucos anos na carne, absolutamente distraída dos problemas espirituais que nos dizem respeito. Gozou, à saciedade, na taça da vida física. Após feliz casamento, realizado sem qualquer preparo de ordem moral, contraiu gravidez, situação esta que lhe mereceu menosprezo integral. Comparava o fenômeno orgânico em que se encontrava a ocorrências comuns e, acentuando extravagâncias, por demonstrar falsa superioridade, precipitou-se em condições fatais. Chamada ao testemunho edificante da abelha operosa, na colmeia do lar, preferiu a posição da borboleta volúvel, sequiosa de novidades efêmeras. O resultado foi funesto. Findo o parto difícil, sobrevieram infecções e febre maligna, aniquilando-lhe o organismo. Soubemos que, nos últimos instantes, os vagidos do filhinho tenro despertaram-lhe os instintos de mãe e a infortunada combateu ferozmente com a morte, mas foi tarde. Jungida aos despojos por conveniência dela própria, tem primado aqui pela inconformação. Vários amigos visitadores, em custosa tarefa de benefício aos recém-desencarnados, têm vindo à necrópole, tentando libertá-la. A pobrezinha, porém, após atravessar existências de sólido materialismo, não sabe assumir a menor atitude favorável ao estado receptivo do auxílio superior. Exige que o cadáver se reavive e supõe-se em atroz pesadelo, quando nada mais faz senão agravar a desesperação. Os benfeitores, desse modo, inclinam-se à espera da manifestação de melhoras íntimas, porque seria perigoso forçar a libertação, pela probabilidade de entregar-se a infeliz aos malfeitores desencarnados.[31]

André Luiz, ainda novel nesse tipo de trabalho, insiste com o servidor perguntando se pelo menos não poderiam liberar a moça dos laços que a prendiam ao corpo, recebendo firme oposição:

– Se desatássemos a algema benéfica, ela regressaria, intempestiva, à residência abandonada, como possessa de revolta, a destruir o que encontrasse. Não tem direito, como mãe infiel ao dever, de flagelar com a sua paixão desvairada o corpinho tenro do filho pequenino e, como esposa desatenta às obrigações, não pode perturbar o serviço de recomposição psíquica do companheiro honesto que lhe ofereceu no mundo o que possuía de melhor. É da lei natural que o lavrador colha de conformidade com a semeadura. Quando acalmar as paixões vulcânicas que lhe consomem a alma, quando humilhar o coração voluntarioso, de modo a respeitar a paz dos entes amados que deixou no mundo, então será libertada e dormirá sono repa-

---

31 André Luiz, psicografia Francisco Cândido Xavier, *Obreiros da vida eterna*, cap. 15, FEB.

rador, em estância de paz que nunca falta ao necessitado reconhecido às bênçãos de Deus.[32]

Então, nosso irmão André se conforma, concluindo que "a lição era dura, mas lógica".

---

[32] Idem ao 28.

Suicidas

EMBORA JÁ TENHA FALADO ANTES sobre o suicídio, faz-se necessário retomar o assunto no capítulo da desencarnação, porque lhe é totalmente pertinente. A desencarnação do suicida talvez seja a de processo mais complicado, porque de extrema violência, e revela quase sempre rebeldia contra Deus ou falta de fé, porque o espírito está mentalmente desequilibrado, seu corpo está muito impregnado de fluidos vitais, enfim, tudo soma para dificultar o desenlace e para fazer o espírito sofrer.

Claro que a intenção e as condições morais de cada um determinam experiências diferenciadas, mas é inevitável o sofrimento.

Allan Kardec, na obra *O Céu e o Inferno*[33], fez um es-

---

33 Allan Kardec, *O Céu e o Inferno*, Segunda parte, cap. V, FEB.

tudo sobre a situação dos suicidas após a morte e inseriu alguns diálogos mantidos com eles, mediante evocação. Como exemplo, transcrevo a seguir o texto intitulado "O pai e o conscrito", que narra o caso de um negociante que, para evitar que o filho fosse à guerra da Itália em 1859, suicidou-se, pois assim o filho ficaria na condição de arrimo da família.

Primeiramente, Kardec se dirige ao espírito São Luís, querendo saber se seria possível a evocação, tendo o mentor respondido que sim, e que ele ganharia com isso, porque ficaria mais aliviado.

Vejamos, então, o diálogo mantido, sendo as respostas pela psicografia:

>1. - Evocação.
>- R. Oh! obrigado! Sofro muito, mas... é justo. Contudo, ele me perdoará.
>
>Nota (de Kardec) - O Espírito escreve com grande dificuldade; os caracteres são irregulares e mal formados; depois da palavra mas, ele para, e, procurando em vão escrever, apenas consegue fazer alguns traços indecifráveis e pontos. É evidente que foi a palavra Deus que ele não conseguiu escrever.
>
>2. - Tende a bondade de preencher a lacuna com a palavra que deixastes de escrever.
>- R. Sou indigno de escrevê-la.
>
>3. - Dissestes que sofreis; compreendeis que fizestes muito mal em vos suicidar; mas o motivo que

vos acarretou esse ato não provocou qualquer indulgência?

– R. A punição será menos longa, mas nem por isso a ação deixa de ser má.

4. - Podereis descrever-nos essa punição?

- R. Sofro duplamente, na alma e no corpo; e sofro neste último, conquanto o não possua, como sofre o operado a falta de um membro amputado.

5. - A realização do vosso suicídio teve por causa unicamente a isenção do vosso filho, ou concorreram para ele outras razões?

- R. Fui completamente inspirado pelo amor paterno, porém, mal inspirado. Em atenção a isso, a minha pena será abreviada.

6. - Podeis precisar a duração dos vossos padecimentos?

- R. Não lhes entrevejo o termo, mas tenho certeza de que ele existe, o que é um alívio para mim.

7. - Há pouco não vos foi possível escrever a palavra Deus, e, no entanto, temos visto espíritos muito sofredores fazê-lo: será isso uma consequência da vossa punição?

- R. Poderei fazê-lo com grandes esforços de arrependimento.

8. - Pois então fazei esses esforços para escrevê-lo,

porque estamos certos de que sereis aliviado. (O espírito acabou por traçar esta frase com caracteres grossos, irregulares e trêmulos: - Deus é muito bom.)

9. - Estamos satisfeitos pela boa vontade com que correspondestes à nossa evocação, e vamos pedir a Deus para que estenda sobre vós a sua misericórdia.
- R. Sim, obrigado.

***

Kardec agora se dirige a São Luís, solicitando esclarecimentos sobre esse caso.

10. - (A S. Luís.) - Podereis ministrar-nos a vossa apreciação sobre esse suicídio?
- R. Este espírito sofre justamente, pois lhe faltou a confiança em Deus, falta que é sempre punível. A punição seria maior e mais duradoura, se não houvera como atenuante o motivo louvável de evitar que o filho se expusesse à morte na guerra. Deus, que é justo e vê o fundo dos corações, não o pune senão de acordo com suas obras.

***

E Kardec encerra observando:

À primeira vista, como ato de abnegação, este suicídio poder-se-ia considerar desculpável. Efetivamente assim é, mas não de modo absoluto. A esse homem faltou a confiança em Deus, como disse o espírito S. Luís. A sua ação talvez impediu a realização dos destinos do filho; ao demais, ele não tinha a certeza de que aquele sucumbiria na guerra e a carreira militar talvez lhe fornecesse ocasião de adiantar-se. A intenção era boa, e isso lhe atenua o mal provocado e merece indulgência; mas o mal é sempre o mal, e se o não fora, poder-se-ia, escudado no raciocínio, desculpar todos os crimes e até matar a pretexto de prestar serviços. A mãe que mata o filho, crente de o enviar ao céu, seria menos culpada por tê-lo feito com boa intenção? Aí está um sistema que chegaria a justificar todos os crimes cometidos pelo cego fanatismo das guerras religiosas. Em regra, o homem não tem o direito de dispor da vida, por isso que esta lhe foi dada visando deveres a cumprir na Terra, razão bastante para que não a abrevie voluntariamente, sob pretexto algum. Mas, ao homem – visto que tem o seu livre-arbítrio – ninguém impede a infração dessa lei. Sujeita-se, porém, às suas consequências. O suicídio mais severamente punido é o resultante do desespero que visa a redenção das misérias terrenas, misérias que são ao mesmo tempo expiações e provações. Furtar-se a elas é recuar ante a tarefa aceita e, às vezes, ante a missão que se deveria cumprir. O suicídio não consiste somente no ato voluntário que produz a morte instantânea, mas em tudo quanto se faça conscientemente para apressar a extinção das forças vitais. Não se pode tachar de suicida aquele que dedicadamente se expõe à morte para salvar o seu semelhante: primeiro, porque no caso não há intenção de se privar da vida, e, segundo, porque não há perigo do qual a Providência nos não possa subtrair, quando a hora não seja chegada. A morte em tais contingências é sacrifício meritório, como ato de abnegação em proveito de outrem. (*O Evangelho segundo o Espiritismo,* cap. V, itens ns. 5, 6, 18 e 19).

Espíritos fracos e culpados

ALMAS FRÁGEIS E QUE RECONHECEM seus enganos costumam se entregar ao remorso, um sentimento altamente destrutível. Se o arrependimento é importante para o crescimento espiritual, porquanto revela que se percebeu o erro e inspira mudanças para melhor, o remorso retarda o progresso, porque o espírito se aprisiona ao passado e se martiriza indefinidamente, aceitando o sofrimento como forma de purgação, esquecido ou ignorando que a misericórdia divina cobre a multidão de pecados.

Exatamente por isso, esses espíritos são presas fáceis daqueles que foram suas vítimas ou de criaturas malignas que se comprazem em fazer sofrer o semelhante, muitas vezes se arvorando em justiceiros.

São, então, arrastados para zonas umbralinas e seviciados, tornados escravos e integrados a hordas de sofredores que atormentam a humanidade.

Permanecem nessa condição até que, cansados de tanto sofrimento e tendo resgatado em parte seus erros, recordem-se de Deus e roguem socorro ao Seu amor.

Novamente, volto a André Luiz, quando acompanha a irmã Zenóbia, dirigente da Casa Transitória, e outros amigos, em socorro a espíritos localizados em um vale de sofrimento. Diz-nos André em determinado momento[34]:

> Pobre velhinha, que me pareceu desassombrada na fé, examinando os terríveis fatores circunstanciais, estendeu-nos os braços esqueléticos e, na sua antiga concepção religiosa, suplicou-nos:
> – Santos mensageiros de Deus, nosso Pai, dignai-vos retirar-nos do purgatório! Estamos torturados pelo fogo dos remorsos e pelos demônios que nos cercam. Por piedade, salvai-nos!
> Fortes soluços interceptavam-lhe a voz; todavia, a venerável anciã continuou:
> – Nossas faltas, mal pagas na Terra, uniram-nos aos espíritos perversos do abismo! Somos pecadores necessitados da purgação, mas não nos abandoneis à nossa própria sorte! Ajudai-nos, em nome de Jesus, por quem vos suplicamos a graça da salvação! Errei muito, é verdade... Entretanto, meu espírito arrependido implora

---

34   André Luiz, psicografia de Francisco Cândido Xavier, *Obreiros da Vida Eterna*, cap. 8, FEB.

proteção... Sei que não mereço o descanso do paraíso, mas, ó emissários do Céu! Por quem sois, concedei-me recursos para resgatar minhas dívidas. Estou pronta! Procurarei aqueles a quem ofendi durante a vida terrestre, a fim de humilhar-me e pedir perdão!...

De mãos postas, a fitar-nos angustiosamente, concluía:

– Não me desampareis! Não me desampareis!...

***

Naquele dia, porém, apesar dos esforços dos socorristas, não foi possível o resgate de nenhum dos espíritos que permaneciam no vale, pois os "gênios diabólicos", ou seja, os mais endurecidos que comandavam a região, impediram.

Zenóbia esclarece que não lhes competia entrar em luta corporal e ensina:

> – Felizmente, nosso trabalho foi abençoado e profícuo. Os cooperadores novos estranharão, talvez, a minha afirmativa, lembrando, sem dúvida, que as faixas de salvamento voltaram vazias. No entanto, algo ocorreu de mais importante que a eventualidade de trazermos compulsoriamente conosco alguns irmãos infelizes. Refiro-me à semeadura das verdades eternas nos corações ignorantes, à ministração da esperança aos desalentados e tristes. Não somos apologistas da violência, mas semeadores do bem, e a base natural da colheita segura é a sementeira cuidadosa. Os ensinos

edificantes lançados ao solo do entendimento abrem horizontes novos e claros à investigação mental dos necessitados e sofredores. Muitos deles, ainda esta noite, cultivarão os princípios renovadores recebidos, em processo intensivo no campo interno, e amanhã, provavelmente, estarão em condições vibratórias adequadas à internação em nosso asilo. Mais desejável para nós é que todos caminhem, utilizando os próprios pés, para que, de futuro, em meio dos serviços naturais da regeneração, não se declarem vitimados por ações de arrastamento. Em todos os lugares encontraremos a compaixão e a justiça de Deus.[35]

---

35   Idem ao 34.

Espíritos hedonistas e revoltados

SE OS ANTERIORES SÃO ESPÍRITOS culpados que desejam o socorro de Deus, outros existem que, orgulhosos e renitentes, o rejeitam e afastam os benfeitores que lhes oferecem a oportunidade de se libertarem das trevas em que permanecem por vontade própria.

Muitos vivem entre os próprios encarnados, vinculados por afinidades nos prazeres, compartilhando com estes a vida e se deleitando psiquicamente nesse conúbio infeliz. Desencarnaram, mas não aceitam seguir para regiões superiores, convertendo-se em obsessores de pessoas ou de grupos, familiares ou não, com os quais se vinculam. Sofrem e fazem sofrer, até que, cansados, apelam rogando socorro.

Outros vários também estabelecem moradia em regiões trevosas e ali igualmente se comprazem na convivência entre os de mesma natureza, em situações degradantes.

A palavra da dirigente da Casa Transitória, esse posto de amor e serviço em pleno umbral, faz bem uma descrição da postura desses infelizes irmãos situados em regiões inferiores, conforme nos relata André Luiz[36]:

– Os padecimentos que sentimos não se verificam à revelia da Proteção Divina. Incansáveis trabalhadores da verdade e do bem visitam seguidamente estes sítios, convocando os prisioneiros da rebeldia à necessária renovação espiritual; no entanto, retraem-se eles, revoltados e endurecidos no mal. Lamentam-se, suplicam e provocam compaixão. Raramente alguns deles nos ouvem o apelo. Às vezes, intentamos impor-lhes o bem. Entretanto, quando retirados compulsoriamente do vale tenebroso, acusam-nos de violentadores e ingratos, fugindo ao nosso contacto e influenciação.

Embora o triste conteúdo da notificação, Zenóbia no-la fornecia, inflamada no espírito de serviço, a julgar pelo bom ânimo que transparecia de seus gestos e palavras.

– A negação deles – continuou a orientadora – não é motivo para qualquer negação de nossa parte. Lembremo-nos de que o esforço da Natureza converte o carvão em diamante... Trabalhemos em benefício de todos os necessitados, procurando, para o nosso espírito, o divino dom de refletir os Supremos Desígnios. Façam-se as obras da vida, não como queremos, mas como o Senhor determine. Grande é a beneficência do Pai para conosco. Repartamo-la em serviço de fraternidade e esclarecimento, na harmonia comum.

---

36   Idem ao 34.

Espíritos endurecidos e maus

TODOS SOMOS ESPÍRITOS EM EVOLUÇÃO, ainda distantes do que podemos chamar de perfeição. O amor pouco desenvolvido, manifestando-se na forma de egoísmo e orgulho, e a inteligência rudimentar são as causas daquilo que entendemos por maldade no ser humano, geradora de atrocidades contra o semelhante, os animais e a natureza.

A desencarnação não altera a personalidade do espírito. O espírito cruel continua sendo assim mesmo. Dessa forma, liberto da matéria, prossegue na sua revolta e tirania, desejando dominar e impor-se, na vã ilusão de que com isso poderá ser feliz. Os mais inteligentes e fortes se sobressaem e se tornam líderes de falanges que espalham sofrimento em regiões da Espiritualidade ou na crosta terrena.

São como que ovelhas desgarradas, mas o Cristo não se cansa de tentar resgatá-las, até conseguir. André Luiz ouve da irmã Zenóbia esclarecimentos a respeito dessas criaturas infelizes e que se dedicam a fazer a infelicidade alheia[37]:

– É lamentável – exclamou Zenóbia, com a manifesta intenção de restaurar-nos a tranquilidade – que tantas inteligências humanas, desviadas do bem e votadas ao crime, se consagrem aqui ao prosseguimento de atividades ruinosas e destruidoras.

Nenhum de nós ousou dizer qualquer palavra. A diretora, porém, esforçando-se por sorrir, continuou:

– A tragédia bíblica da queda dos anjos luminosos, em abismos de trevas, repete-se todos os dias, sem que o percebamos em sentido direto. Quantos gênios da Filosofia e da Ciência dedicados à opressão e à tirania! quantas almas de profundo valor intelectual se precipitam no despenhadeiro de forças cegas e fatais! Lançados ao precipício pelo desvio voluntário, esses infelizes raramente se penitenciam e tentam recuo benéfico... Na maioria das vezes, dentro da terrível insatisfação do egoísmo e da vaidade, insurgem-se contra o próprio Criador, aviltando-se na guerra prolongada às suas divinas obras. Agrupam-se em sombrias e devastadoras legiões, operando movimentos perturbadores que desafiam a mais astuta imaginação

---

[37] André Luiz, psicografia de Francisco Cândido Xavier, *Obreiros da vida eterna*, cap. 4, FEB.

humana e confirmam as velhas descrições mitológicas do inferno.

Observando-me, possivelmente, a angústia íntima, em face de suas considerações, irmã Zenóbia acrescentou:

– Chegará, porém, o dia da transformação dos gênios perversos, desencarnados, em espíritos lucificados pelo bem divino. Todo mal, ainda que perdure milênios, é transitório. Achamo-nos apenas em luta pela vitória imortal de Deus, contra a inferioridade do 'eu' em nossas vidas. Toda expressão de ignorância é fictícia. Somente a sabedoria é eterna.

Por minha vez, gostaria de formular várias indagações, porém a expectativa fizera-se mais pesada.

– Alguns séculos – prosseguiu a diretora – de reencarnações terrestres constituem tempo escasso para reeducar inteligências pervertidas no crime. É por isso que os trabalhos retificadores continuam vivos, além da morte do corpo físico, obrigando os servos da verdade e do bem a suportar os irmãos menos felizes, até que se arrependam e se convertam.

Conclusão

PRONTO. CHEGAMOS AO FINAL DA OBRA. É possível que você não tenha gostado de ler alguns trechos, mas considerei importante tratar de assuntos desagradáveis porque justamente são uma realidade diante da inevitável morte física.

Se o destino de todos fosse o paraíso, a felicidade e a paz, nada seria preocupante. Mas a morte é o prosseguimento da vida e o que nos espera no Além é mera decorrência do que fazemos aqui, aplicação inexorável da lei de causa e efeito.

E sendo o plano espiritual o mundo da verdade, não haverá como escapar das consequências do que fizermos como encarnados. É o encontro conosco mesmo, com a nossa realidade interior, tantas vezes mascarada na Terra, segundo as conveniências da ocasião.

Quis trazer a você, caro amigo leitor, as informações

mais precisas e relevantes sobre a morte e suas implicações, com o propósito de lhe convidar a repensar a vida e aproveitá-la mais intensamente naquilo que é a sua essência espiritual.

Uma boa vida para você. E também uma boa morte.

Conheça do mesmo autor:

Terapia da paz
• Autoajuda • 14x21 cm • 200 pp.

São temas do cotidiano de todos nós, auxiliando-nos a tomar decisões mais acertadas e favorecendo a felicidade.

Em páginas rápidas e de fácil compreensão, o autor convida ao aprimoramento dos verdadeiros valores da alma, aqueles que subsistem à nossa efêmera passagem pelos palcos terrenos.

Um olhar sobre a honestidade
Autoajuda • 14x21 cm • 176 pp.

Nestas reflexões, o autor demonstra como podemos ser melhores no dia a dia e como é possível ter uma convivência harmoniosa.

Em capítulos curtos, objetivos e de leitura agradável, podemos encontrar um caminho para a prática constante da honestidade, conhecendo um pouco sobre mentira, amizade, sinceridade, certo e errado, bem e mal, livre-arbítrio, hipocrisia, sexo e muito mais.

Contos modernos em tempo de paz
Contos • 14x21 cm • 200 pp.

Mensagens carregadas de otimismo, alegria e estímulo, sempre recheadas de histórias e exemplos reais, que auxiliam na busca de momentos felizes em nossa vida e de uma convivência equilibrada consigo mesmo e com os outros, possibilitando que consigamos um verdadeiro tempo de paz em nossas vidas.

Não encontrando os livros da EME na livraria de sua preferência, solicite o endereço de nosso distribuidor mais próximo de você através do Fone/Fax: (19) 3491-7000 / 3491-5449.
E-mail: vendas@editoraeme.com.br – Site:www.editoraeme.com.br